Die Ernennungsurkunde eines Sufis aus dem Syrien des 18. Jahrhunderts

Herausgegeben, übersetzt
und eingeleitet von
Anne-Geelke Lehmann

ARBEITSMATERIALIEN ZUM ORIENT

herausgegeben von

Jens Peter Laut, Ulrich Rebstock,
Tilman Seidensticker

Band 25

ERGON VERLAG

Die Ernennungsurkunde eines Sufis aus dem Syrien des 18. Jahrhunderts

Herausgegeben, übersetzt
und eingeleitet von
Anne-Geelke Lehmann

ERGON VERLAG

Bibliografische Information der Deutschen Nationalbibliothek
Die Deutsche Nationalbibliothek verzeichnet diese Publikation in der Deutschen Nationalbibliografie; detaillierte bibliografische Daten sind im Internet über http://dnb.d-nb.de abrufbar.

Gedruckt auf alterungsbeständigem Papier.
Satz: Thomas Breier, Ergon-Verlag GmbH
Umschlaggestaltung: Jan von Hugo

www.ergon-verlag.de

ISSN 1436-8072
ISBN 978-3-89913-847-4

Inhalt

1 Einleitung

Der Gegenstand der vorliegenden Arbeit[1] ist eine arabische Handschrift aus dem 18. Jahrhundert. Es handelt sich dabei um eine Sufiurkunde, welche zur Sammlung orientalischer Handschriften der Forschungsbibliothek Gotha gehört.[2] Das Dokument ist auf einer Schriftrolle abgefasst und besitzt ein mit Gold und verschiedenfarbiger Tusche verziertes Kopfstück. Der Text hat das Format 220 × 13 cm und besteht aus 193 Zeilen.[3]

Bisher war bekannt, dass es sich um ein Dokument des Qādiriyya-Ordens handelt, welches für einen nicht näher bekannten as-Sayyid Muḥammad ausgestellt ist. Dieser wurde damit zum Ordensscheich ernannt und erhielt ein Sufikleid.[4] Die Provenienz der Schriftrolle war bisher ungeklärt, denn der Text selbst enthält keinerlei Informationen über seine geographische Herkunft. Eine zeitliche Einordnung ist jedoch dank zweier verschiedener Datumsangaben im Text unproblematisch. Wie die Handschrift nach Gotha gelangte, ist unklar. Es ist anzunehmen, dass sie nicht zu jenen Schriftstücken gehört, die Ulrich Jasper Seetzen (1767-1811) im Auftrag von Herzog Ernst II von Sachsen-Coburg und Gotha auf seinen Orientreisen erwarb[5], sondern dass sie erst in der Zeit nach Seetzen in die herzogliche Bibliothek aufgenommen wurde.

Die Zielsetzung dieser Arbeit besteht darin, die Handschrift formal und inhaltlich zu untersuchen und zu beschreiben, sowie ihre Herkunft zu klären. Um den Text zugänglich zu machen, werden eine kommentierte Edition sowie eine Übersetzung erstellt. Außerdem erfolgen sowohl eine formale Untersuchung als auch eine historische Einordnung des Textes sowie eine kurze Charakterisierung des Sufitums zur Entstehungszeit des Dokumentes. Besondere Aufmerksamkeit gilt auch der Identifikation der in der Filiation (*silsila*) aufgeführten Personen.

---

1 Die vorliegende Arbeit ist die überarbeitete Version einer an der Friedrich-Schiller-Universität Jena entstandenen Magisterarbeit, die von Prof. Seidensticker betreut wurde.

2 Ms. orient. A 1862[a].

3 Eine der hier vorliegenden ähnliche qādiritische Schriftrolle findet sich ins Englische übersetzt im Anhang (Appendix III) bei Burton, Captain Sir Richard F.: Personal Narrative of a Pilgrimage to Al-Madinah & Meccah. Hrsg. v. Isabel Burton. New York: Dover Publications 1986. Bd. II. Einige Textabschnitte sind mit Passagen aus der hier untersuchten Urkunde identisch.

4 Seidensticker, Tilman: Kuriositäten. In: Orientalische Buchkunst in Gotha. Gotha: Forschungs- und Landesbibliothek Gotha 1997. S. 173.

5 Vgl. ebd. S. 170.

2 Theoretische Einordnung

2.1 Anmerkungen zur Beschaffenheit des Dokumentes und zur Kalligrafie

Die Sufiurkunde befindet sich auf einer Schriftrolle aus dünnem Papier. Sie besteht aus mehreren aneinandergefügten Papierstreifen derselben Art und Qualität. Der Schriftspiegel wird durch einen unten offenen Rahmen begrenzt. Dieser besteht auf beiden Seiten neben dem Text durchgängig aus einem goldenen und einem dazu parallel laufenden schwarzen Streifen. Der obere Abschluss wird von einem breiteren, mit floralen Elementen verzierten Band gebildet. Darüber befindet sich das mit Mustern mehrfarbig dekorierte Kopfstück des Dokumentes, dessen Form an die stilisierte Kuppel eines Heiligengrabes oder einer Moschee erinnert. Von dieser Kuppel ragen senkrecht mehrere dünne, mit zwei bis drei gefächerten Blüten verzierte Striche auf. Dazwischen befinden sich ebenfalls senkrecht angeordnet, mehrere durchbrochene Wellenlinien.

Der Text wurde weitestgehend mit schwarzer Tinte verfasst. Es finden sich jedoch über den gesamten Text verteilt rot abgesetzte Wörter. Diese dienen dazu, den Text übersichtlicher zu gestalten und wichtige Namen hervorzuheben. So wurde beispielsweise, um die Einleitung vom folgenden Textabschnitt abzugrenzen, in Zeile 8 das Wort *wa-baʿdu* in Rot geschrieben. Dieselbe strukturierende Funktion findet sich bei der Auflistung der verschiedenen Scheichs, die das Flickenkleid erhalten und weitergegeben haben. Wird ein neuer Scheich genannt, so ist das Wort *wa-labisahā* in rot geschrieben. Dies bietet dem Leser eine schnelle Übersicht über die Filiation, ohne sich in der Menge der Ehrbezeichnungen der einzelnen Personen zu verlieren.

Das Dokument enthält drei optisch besonders auffällige Passagen, die sich vom Rest des Textes abheben.[1] Die Buchstabenhöhe beträgt hier das etwa zwei- bis dreifache, der Schreibduktus ist *nasḫi*. Außerdem sind diese Stellen voll vokalisiert. Inhaltlich handelt es sich in Zeile 57 um die Nennung eines Scheichs, in Zeile 122 um die Nennung des Propheten und in Zeile 172 um die Einleitung eines Abschnittes durch die *basmala*. Neben diesen drei kalligrafisch besonders aufwendig gestalteten Passagen gibt es noch mehrere größer geschriebene Textabschnitte, die sich jedoch nicht durch Vokalisierung oder abweichenden Schriftduktus auszeichnen.[2] Hier wird in Zeile 112 ʿAlī ʾIbn ʾAbī Ṭālib genannt, der Schwiegersohn des Propheten, der auch als erster

---

1 Zeile 57f; Zeile 122f; Zeile 172.

2 Zeile 112f; Zeile 138; Zeile 153; Zeile 175; Zeile 182.

Imam und Sufi gilt. In den Zeilen 138 und 153 steht der Name des mit dieser Urkunde zum Scheich ernannten as-Sayyid Muḥammad, die Zeilen 175 sowie 182 heben Teile des Stammbaums des Ordensgründers ʿAbd al-Qādir al-Ǧīlānī hervor. Die beschriebenen Passagen wurden demzufolge bewusst verziert und hervorgehoben, um besonders wichtige Persönlichkeiten zu würdigen.

Der Text enthält weitestgehend keine oder nur vereinzelte Vokalisierungszeichen. Sie scheinen spontan gesetzt worden zu sein, denn es lässt sich keine feste Verwendungsregel erkennen. Die Handschrift ist durchgängig gut lesbar. Der überwiegende Schriftduktus ist *muḥaqqaq*. Dabei muss jedoch bemerkt werden, dass das kalligrafische Erscheinungsbild nicht gleichmäßig ist und es in der Urkunde Stellen gibt, die sich nicht eindeutig einem bestimmten Duktus zuordnen lassen. Eine Besonderheit ist beispielsweise die ab Zeile 70 vermehrt auftretende Schreibung des *ʾalif* mit einer am oberen Ende nach rechts geneigten Verlängerung. Weiterhin fällt auf, dass durchgehend im Text an den Wortenden einige Buchstaben unüblicherweise nach links verbunden werden. Dabei handelt es sich in den meisten Fällen um *dāl*, *rāʾ* oder *zāy* in Kombination mit folgendem *hāʾ* oder *tāʾ marbūṭa*.[3] Seltener treten nach links verbundene Versionen des *wāw* und des *ḏāl* auf.[4] Interessant ist, dass der Schreiber diese den Schreibfluss erleichternde Linksverbindung häufig, aber nicht prinzipiell verwendete. So werden in Zeile 6 im letzten Wort *dāl* und *hāʾ* direkt verbunden, während in Zeile 12 im letzten Wort dieselbe Buchstabenfolge getrennt geschrieben wird. Ähnliche Unregelmäßigkeiten gibt es auch in anderen Fällen, zum Beispiel bei der Punktierung des *yāʾ* beziehungsweise des *ʾalif maqṣūra*. In den Zeilen 18 und 35 ist im Wort *taʿālā* fälschlicherweise der letzte Buchstabe eindeutig als *ī*, also punktiert geschrieben. In den Zeilen 52 und 72 erfolgt die Schreibung dagegen korrekt mit *ʾalif maqṣūra*, also ohne Punktierung. Schwankungen treten auch bei anderen Ligaturen auf. Dies lässt sich an dem im Text häufig zu findenden Wort *šayḫ* demonstrieren: Von Zeile 1 bis Zeile 42 wird für *yāʾ* und *ḫāʾ* dieselbe Ligatur verwendet. Gleichzeitig wird das *šīn* mit drei Punkten überschrieben. In Zeile 43 ändert sich dies plötzlich. Für *yāʾ* und *ḫāʾ* erscheint eine leicht abgewandelte Ligatur und die drei Punkte über dem *šīn* werden vereinfacht dargestellt. Von Zeile 55 bis 68 wird dann wieder die anfängliche Variante geschrieben. In Zeile 69 erfolgt ein erneuter Wechsel in die vereinfachte Variante, welche dann bis zum Ende durchgehalten ist.

Eine weitere Auffälligkeit des Dokumentes ist die Tatsache, dass im unteren Bereich der Schriftrolle (ab Zeile 138) an sämtlichen Stellen, an denen der Name des as-Sayyid Muḥammad erscheint, offensichtlich ein zuvor da-

---

3 Beispiele finden sich in Zeile 6ff. oder Zeile 37ff.

4 Beispiele finden sich in Zeile 8 oder Zeile 45.

runterliegender Name entfernt wurde. Dies geschah entweder durch Überkleben der entsprechenden Passage mit Papier oder durch Wegschaben mit Hilfe eines scharfen Messers oder eines entsprechenden Werkzeuges. Hierbei wurde einige Mühe aufgewandt, denn auf den ersten Blick ist die Manipulation kaum zu erkennen. Selbst in den kalligrafisch auffällig gestalteten Stellen wurde der Name gründlich entfernt und mit derselben Tinte und Breite der Feder perfekt eingepasst (Zeile 138 und Zeile 153). In Zeile 166 wurde der ursprüngliche Name nicht sorgfältig genug weggeschabt und (versehentlich?) nicht überschrieben, sodass er noch schwach sichtbar, wenngleich nicht lesbar ist. In Zeile 169 wurde eine Datumsangabe entfernt, jedoch nicht wieder beschrieben, sodass eine Leerstelle im Text entstanden ist. Im Gegensatz zum offensichtlich wiederverwerteten Schluss des Dokumentes ist der Anfang nur einmal beschrieben. Hinsichtlich des mittleren Teils, der die Filiation des Sufikleides enthält, lässt sich nicht mit Bestimmtheit sagen, ob er extra für diese Urkunde geschrieben oder wiederverwendet wurde, da dieser Angaben enthält, die für mehr als eine Person Gültigkeit besitzen. Außerdem wird der Name des Urkundenbesitzers in diesem Textteil nicht erwähnt, was eine Wiederverwertung des Textes ohne Änderungen ermöglicht.

Die Annahme, dass die vorliegende Handschrift aus (mindestens) zwei Teilen besteht, wovon ein Teil wiederverwendet und neu beschriftet wurde, scheint zunächst durch die Tatsache gestützt zu werden, dass innerhalb des Textes eine Schwankung der Schreibweise des Namens al-Ǧīlānī zu beobachten ist. Es findet sich sowohl die Schreibweise Kīlānī als auch Ǧīlānī. Dass es sich dabei um verschiedene Personen handelt, ist ausgeschlossen, denn alle anderen Namensbestandteile stimmen überein. Auch der jeweilige Kontext lässt keine Zweifel offen, dass mit beiden Namen der Ordensgründer der Qādiriyya gemeint ist. Auffällig ist, dass sich die ursprüngliche (und im Allgemeinen geläufigere) Namensvariante Ǧīlānī nur ein einziges Mal im Text findet, und zwar ziemlich am Anfang, in Zeile 20. An den übrigen Stellen, alle weiter unten im Text, wird die Variante Kīlānī[5] verwendet. Da die Zeilen 1-42 jedoch eine kalligrafische Einheit bilden, können die Schwankungen in der Schreibweise nicht als Beweis für die Zusammensetzung des Dokumentes aus verschiedenen Teilen gelten. Viel deutlicher spricht für diese Tatsache die Existenz zweier Daten, die ca. 17 Jahre auseinander liegen. Das erste Datum in Zeile 38 bezeichnet das Jahr 1184,[6] das zweite Datum in Zeile 193 bezeichnet das Jahr 1201.[7] Welches der beiden Daten den Zeitpunkt der Ernennung des as-Sayyid Muḥammad zum Scheich und die Übergabe der *ḫir-*

5 Neben besagter Namensvariante von al-Ǧīlānī gibt es auch die Varianten al-Ǧīlī und al-Kaylānī. Sie erscheinen in dieser Handschrift jedoch nicht.

6 Nach christlicher Zeitrechnung 1770.

7 Nach christlicher Zeitrechnung 1787.

qa bezeichnet, ist unklar und geht aus dem Urkundentext nicht hervor. Vielleicht bezeichnet das frühere Datum seine offizielle Benennung und das spätere die tatsächliche Zulassung. Dafür spräche, dass im unteren Teil der Urkunde, in dem das spätere Datum zu finden ist, die Rede von praktischen Anweisungen und Kompetenzen ist, während der obere Teil der Urkunde, in dem sich das frühere Datum findet, die Ernennung des as-Sayyid Muḥammad thematisiert. Denkbar wäre auch Folgendes: Betrachtet man den oben beschriebenen Bruch im Schreibduktus (Zeile 42 zur Folgezeile) zusammen mit der Erscheinung des ersten (früheren) Datums kurz zuvor (Zeile 38), so ergibt sich die Möglichkeit, dass das Dokument ab dieser Stelle zerstört wurde und später durch einen angefügten (gebrauchten) Textabschnitt ergänzt und mit einem neuen Datum versehen wurde.

2.2 Inhaltlicher Aufbau des Textes

Der Text der Sufiurkunde besteht aus 193 Zeilen. Er lässt sich inhaltlich in fünf Abschnitte unterteilen. Der erste Abschnitt (Zeile 1-8) ist eine formelhafte Einleitung mit dem obligatorischen, jedoch sehr kurz gehaltenen Lob Gottes und des Propheten Muḥammad. Im zweiten und längsten Abschnitt (Zeile 9-126) werden zunächst der Novize as-Sayyid Muḥammad ʾIbn ʿAbdallāh, sein Scheich, dessen Nachfolge er antritt, Muḥammad Hilāl ʾIbn ʾAbī Bakr, sowie ʿAbd al-Qādir al-Ǧīlānī, der Ordenspatron der Qādiriyya, genannt. Hieran schließt sich die Filiation, welche die Abfolge der Scheichs sowie die Verleihung des Flickenkleides (*ḫirqa*) verzeichnet.

Zunächst lässt sich feststellen, dass große Teile der Filiation dynastisch geprägt sind. Der Meister und Übergeber des Sufikleides ist also in vielen Fällen nicht nur der geistliche, sondern auch der genetische Vater des betreffenden Sufis. Dies war eine in vielen Sufikonventen der Qādiriyya gängige Praxis, um den Einfluss und die Macht bestimmter Familien zu sichern.[8] Für die konkrete Nachfolgekonstellation, die in der hier vorliegenden Handschrift dokumentiert ist, scheint dies jedoch nicht der Fall zu sein. Es gibt keinen Hinweis darauf, dass as-Sayyid Muḥammad mit seinem Scheich Muḥammad Hilāl verwandt war.

Fast alle Personen, die in der *silsila* erscheinen, werden als *sayyid* oder *šarīf* bezeichnet, ein Hinweis auf die Betonung der Abstammung vom Propheten. Zusätzlich kann eine deutlich hanbalitische Prägung der erscheinenden Personen festgestellt werden, die typisch für den Qādiriyya-Orden ist. Die Herkunft und Weitergabe des Flickenkleides wird zurückgeführt bis auf Ḥasan al-Baṣrī und ʿAlī ʾIbn ʾAbī Ṭālib. An dieser Stelle (Zeile 112 ff.) ändert sich

8 Vgl. E.I.², Bd. 10, S. 246b.

das Textmuster. Es geht ab hier nicht mehr um die Weitergabe des Flickenkleides von einem Scheich an den nächsten, sondern darum, wer von wem Weisheit und Erziehung erhalten hat. Zeile 112: *„wa-l-ʾImām ʿAlī ʾaḫaḏa l-ʿilm wa-l-ādāb wa-taʾaddub bi-bni ʿammihī [...] sayyidinā Muḥammad [...].*" Diese Filiation wird über den Erzengel Gabriel und den Offenbarungsengel ʾIsrāfīl bis zu Gott weitergeführt. Im Zuge dessen wird die Übergabe der *ḫirqa*, ein typisch sufisches Ritual, das sich in systematischer Form etwa ab dem 11./12. Jahrhundert christlicher Zeitrechnung entwickelte, als Weiterführung einer islamischen Erziehungs- und Bildungstradition dargestellt.

Im Anschluss an die Filiation des Flickenkleides folgt der dritte, relativ kurze Abschnitt (Zeile 127-133), in dem einige Prophetentraditionen zum Thema Armut zitiert werden. Diese und ähnliche Traditionen erscheinen immer wieder in sufischen Schriften und dienen der Legitimation der Armut als zentrales Anliegen der Sufibewegung und dem Verweis auf das Vorbild des Propheten. Zudem wird damit auch die Belohnung für ein Leben in (freiwillig gewählter) Bedürftigkeit in Aussicht gestellt: Das Betreten des Paradieses vor den Reichen (Zeile 127f). Armut ist für den Sufi aus unterschiedlichen Motiven eine der Grundlagen seiner Lebensführung, wie das folgende Zitat eines anonymen Verfassers zeigt.

> Manche erwählen die Armut wegen des Lohnes für die Armut, andere erwählen sie, um dem Heiligen Brauch zu entsprechen, andere erwählen sie, weil Gott (die Armut) für sie und seine Propheten und Reinen gewählt hat, wieder andere wählen sie, damit ihr Herz ruhig, ihr Innerstes frei und ihre Abrechnung (am Gerichtstag) leicht sei. Ihnen ist hierin ein Bevorzugen, ein Wählen und eine Absicht eigen. Das alles sind Zustände der äußeren Armut. Die Wahl des Äußeren aber ist ein Zugangsuchen zur Wirklichkeit der besonderen Armut. Ihrem Wesen nach ist die Armut jedoch das Festhalten an Gott verbunden mit der Lossagung von Nichtgöttlichem.[9]

Die Armut wird im Sufitum immer positiv bewertet, egal aus welchem der oben genannten Gründe sie jemand wählt, denn sie steht für die alleinige Hinwendung zu Gott und das freiwillige Abwenden von allem Irdischen. Außerdem gilt die Armut als Prüfung des Gottvertrauens, denn der Bedürftige glaubt fest daran, dass Gott ihn jeden Tag versorgt, und versucht nicht, seinen Unterhalt aus eigener Kraft zu verdienen.[10] Im Zusammenhang mit dieser positiven Bewertung der Bedürftigkeit im Sufitum fällt oft der Begriff

---

9 Gramlich, Richard (Übers.): Die Lebensweise der Könige. Adab al-Mulūk. Ein Handbuch zur islamischen Mystik. Stuttgart: Steiner 1993. (=Abhandlungen für die Kunde des Morgenlandes; Band 50, 3) S. 35.

10 Siehe zu diesem Thema auch Reinert, Benedikt: Die Lehre vom tawakkul in der klassischen Sufik. Berlin: De Gruyter 1968. sowie Weninger, Stefan: Qanāʿa (Genügsamkeit) in der arabischen Literatur anhand des Kitāb al-qanāʿa wa-t-taʿaffuf von Ibn Abī-d-Dunya. Berlin: Schwarz 1992. (= Islamkundliche Untersuchungen 154).

des Adels der Armut (*šaraf al-faqr*). Er erscheint auch in Zeile 133 der vorliegenden Urkunde.

Im vierten Abschnitt (Zeile 134-171) werden die Rechte des neu ernannten Scheichs as-Sayyid Muḥammad sowie die Verpflichtungen der ihm unterstehenden Sufibrüder erläutert. Letztere sind beispielsweise zum Gehorsam ihrem Scheich gegenüber verpflichtet, sollen ihn verehren, respektieren und in allem unterstützen (Zeile 140ff). Der neu ernannte Scheich erhält die Befugnis, denjenigen in die Gemeinschaft der Sufis aufzunehmen oder als Nachfolger zu wählen, den er für geeignet hält. (Zeile 155f). Aufschlussreich ist in diesem Zusammenhang auch die Erwähnung von „frommen Frauen" (Zeile 163), über deren Einsetzung er ebenfalls zu entscheiden hat und denen er bestimmte Kompetenzen zugestehen kann. Es scheint sich hierbei um einen eigenständigen Frauenkonvent oder eine Frauenabteilung innerhalb eines Konventes der Qādiriyya zu handeln. Weitere Details dazu finden sich jedoch nicht. Überdies geht aus diesem Teil der Urkunde hervor, wie weit die Kompetenzen des as-Sayyid Muḥammad reichen. In Zeile 153 ist die Rede davon, dass er als Scheich über mehrere, nicht näher bezeichnete islamische Länder und Königreiche eingesetzt wird und dass ihm die Verantwortung obliegt, über die Geschicke des Ordens zu entscheiden (Zeile 144). Der neu ernannte Ordensführer erlangt mit dieser Urkunde also weitreichende Befugnisse. Sein Amt, das im Text mit „Scheich" bezeichnet wird, scheint offenbar eine übergeordnete, mit Macht und Entscheidungsgewalt verbundene Position zu sein. Der Erhalt des Flickenkleides bezeichnet hier also nicht in erster Linie eine abgeschlossene mystische Belehrung oder die Fähigkeit selbst Novizen zu erziehen, sondern die Einführung in ein hohes Amt innerhalb des Qādiriyya-Ordens.

Der fünfte und letzte Abschnitt der Sufiurkunde (Zeile 172-193) ist als Zusatz zu verstehen, der nicht zum eigentlichen Sufidiplom gehört. Dies wird dadurch deutlich, dass er durch die Verwendung der *Basmala* eingeleitet und vom übrigen Text abgesetzt wird. Dieser letzte und eigenständige Textabschnitt erläutert die Abstammung des Ordenspatrons ʿAbd al-Qādir al-Ǧīlānī über ʿAlī ʾIbn ʾAbī Ṭālib bis zu Ādam.

> [...] almost all the sheikhs in the genealogy of ʿAbd al-Qādir al-Kīlānī are ʿAlawī (decendants of the Imam ʿAlī). It is generally agreed that al-Kīlānī belongs to this family. This gives the tarikat a very pronounced Alawi colouring. Stress is laid on the *Ahl al-Bayt* (the family of the prophet) and on the mourning for Karbalā and the importance given to ʿāshūrā (the 10th of Muḥarram).[11]

[11] Uludağ, Süleyman: Mystical Thought in the Ottoman Period. In: Sufism and Sufis in Ottoman Society. Hrsg. v. Ahmet Yaşar Ocak. Ankara: Türk Tarih Kurumu 2005. S. 27.

Die Genealogie endet mit der folgenden Formel: „Ādam war aus Staub und der Staub ist aus Erde und die Erde aus Schaum und der Schaum aus Wasser und das Wasser kommt aus der Perle (?) und die Perle (?) kommt von der Allmacht (Gottes) und die Allmacht kommt vom Willen (Gottes) und der Wille von der Allwissenheit Gottes." (Zeile 189-191).

Innerhalb des Dokumentes finden sich neben einem fragmentarischen Datum in Zeile 169 zwei vollständige Datumsangaben. In Zeile 38 wird eine „Niederschrift im Raǧab des Jahres 1184"[12] dokumentiert und in der letzten Zeile der Urkunde (Zeile 193) findet sich das Datum „12. Ǧumāda II 1201".[13] Letzteres Datum bezeichnet wahrscheinlich das Ausstellungsdatum der Zulassung (*ʾiǧāza*) des Novizen als Scheich und Nachfolger seines Meisters. Beim ersten Datum, das 17 Jahre früher liegt, lässt sich nicht feststellen, was damit bezeichnet werden soll. Vielleicht wurde zu diesem Zeitpunkt schon die Nachfolge schriftlich festgelegt, aber erst Jahre später verwirklicht. Irritierend ist, dass dieses Datum mitten in der Filiation erscheint und keine nähere Erklärung geliefert wird. Da vor dem Datum „Amen" steht, sieht die Textstelle nach einem Schlusssatz oder zumindest nach dem Ende eines Abschnittes aus. Layout und Inhalt sprechen allerdings dagegen, denn die Filiation wird im Anschluss in gewohnter Form weitergeführt.

2.3 Provenienz

Die untersuchte Handschrift stammt mit hoher Wahrscheinlichkeit aus dem Qādiriyya-Konvent in Ḥamā (Syrien). Da der Text selbst keine Angaben über seine geografische Herkunft enthält, stützt sich diese Erkenntnis auf Recherchen zu den im Rahmen der Filiation erscheinenden Personen. Es zeigte sich zunächst, dass im jüngsten und damit für die Bestimmung der Provenienz entscheidenden Teil der *silsila* mindestens drei Personen (d.h. 17. und 18. Jahrhundert/Positionen 31-33, siehe unten) mit Sicherheit dem Konvent in Ḥamā zugeordnet werden können. Zwei von ihnen (Positionen 32 und 33) tragen die *nisba* „al-Ḥamawī". Diese Bezeichnung wird in der Handschrift zwar nicht erwähnt, konnte ihnen aber aufgrund entsprechender Angaben in den Quellen zugewiesen werden. Von ʿAlī ʾIbn Yaḥyā ʾIbn ʾAḥmad al-Kīlānī (Position 32) ist bekannt, dass er Scheich des Qādiriyya-Konvents in Ḥamā war. Mit diesen Informationen als Ausgangsbasis ergab die weiterführende Recherche, dass auch ältere Teile der *silsila* in Ḥamā zu verorten sind. Dies gilt für die Zeit ab der Gründung des Konvents im 14. Jahrhundert (entspricht Position 17).[14] Der älteste Teil der *silsila* ist dagegen in Bagdad zu verorten.

---

12 Nach christlicher Zeitrechnung Oktober 1770.

13 Nach christlicher Zeitrechnung 1. April 1787.

14 Zu Quellen, Referenzen und weiteren Details siehe Kapitel 2.7 und 2.8.

2.4 Bedeutung des Flickenkleides im mystischen Islam

Bei der vorliegenden arabischen Handschrift handelt es sich um eine *ʾiǧāza*, d.h. eine Zulassungs- oder Initiationsurkunde. Sie wird ausgestellt, um ihrem Inhaber bestimmte Kompetenzen zu bescheinigen.

> There are three types of *ijāza* (licence). The first is that given to a dervish or adept giving his qualifications and permitting him to practise in the name of his master; the second is given to a *khalīfa* or *muqaddam* authorizing him to confer the *wird*, that is admit others into the *ṭarīqa*; whilst the third type simply affirms that the holder has followed a particular course of Sufi instruction.[15]

Folgt man dieser Klassifikation, so ist die Urkunde am ehesten dem zweiten Typ zuzuordnen. Der Inhaber der Urkunde as-Sayyid Muḥammad wird zum Scheich und Nachfolger seines Meisters eingesetzt (Zeilen 14 und 153). Gleichzeitig wird bescheinigt, dass er die Befugnis erhält, demjenigen Zutritt zum Orden der Qādiriyya und zur sufischen Erziehung zu gewähren, den er für geeignet hält (Zeile 161ff). Die regelmäßige Ausstellung solcher Dokumente ist eine spätere Entwicklung des Sufitums und geht mit der zunehmenden Verbreitung und Institutionalisierung der Sufiorden im 15. Jahrhundert einher.[16]

Das Flickenkleid, das as-Sayyid Muḥammad in der hier untersuchten Urkunde erhält, ist nicht zu verwechseln mit dem Flickenkleid des sufischen Noviziates. Im vorliegenden Fall handelt es sich um ein Kleidungsstück, das den Rang des neu ernannten Scheichs bezeichnet.[17] In der Spätzeit des Osmanischen Reiches war das System der Sufiorden hochentwickelt und die Rituale und Hierarchien hatten sich in den einzelnen Orden ausdifferenziert und verfestigt. Dazu gehörte auch eine spezifische Kleiderordnung je nach Rang, Alter und Ordenszugehörigkeit des Sufis. Diese Trachten bestanden aus unterschiedlichen Materialien, wiesen verschiedene Schnitte und Verzierungen auf und waren je nach Orden und Rang aus wertvollen oder weniger wertvollen Stoffen gearbeitet. Teilweise wurden sie, wenn das Klima es erforderte, mit Fell ausgekleidet.[18] Ursprünglich war das Flickenkleid (*ḫirqa/muraqqaʿa*) jedoch ein aus Wolle oder Stoffresten bestehendes raues Gewand,

---

15 Trimingham, J. Spencer: The Sufi Orders in Islam. New York: Oxford University Press 1998. S. 192.

16 Vgl. E.I.^{2}, Bd. 4, S. 950a.

17 Vgl. Inancer, Ö. Tuğrul: Rituals and Main Principals of Sufism. In: Sufism and Sufis in Ottoman Society. Hrsg. v. Ahmet Yaşar Ocak. Ankara: Türk Tarih Kurumu 2005. S. 172f.

18 Eine Übersicht gibt Atasoy, Nurhan: Sufi Order Garments and Accessories during the Ottoman Empire. In: Sufism and Sufis in Ottoman Society. Hrsg. v. Ahmet Yaşar Ocak. Ankara: Türk Tarih Kurumu 2005. S. 183-215.

welches die Sufis als äußeres Kennzeichen ihrer Askese trugen[19]. In der gesamten Geschichte des Sufitums spielt die *ḫirqa* eine wichtige Rolle, obgleich sich ihre Bedeutung über die Jahrhunderte wandelte. Die frühen Sufis trugen Wolle als Zeichen ihrer Verehrung und Imitation des Propheten und seiner frommen Gefährten, die ebenfalls Kleider aus Wolle getragen haben sollen. So bedeutet der Begriff „Sufi", als Bezeichnung für islamische Mystiker und Asketen, eigentlich „Wollträger" und ist von dem arabischen Wort für Wolle (*ṣūf*) abgeleitet. As-Sarrāǧ (starb 988) beschreibt in seinem Handbuch über das Sufitum, dem *kitāb al-lumaᶜ* die Eigenschaften der Sufis wie folgt:

> [...] Man sagt auch: Die Sufis sind etwas von dem, was von den Leuten der Schattenlaube (ṣuffa) geblieben ist. Was jene angeht, die sagen, Sufi sei eine Bezeichnung, die die äußere Kleidung betrifft, so gibt es diesbezügliche Berichte über Propheten und Fromme, die Wolle getragen und sich für das Wolletragen entschieden haben.[20]

Diesem Beispiel folgen die Sufis[21]. Es ist jedoch bekannt, dass auch christliche Wandermönche oder buddhistische Asketen ähnliche Wollkleidung trugen und den Sufis somit als Vorbild gedient haben könnten.[22] Durch das Tragen der *ḫirqa* demonstriert der Sufi seine Bedürftigkeit und sein Vertrauen auf Gott sowie seine Abwendung von der diesseitigen Welt. Das Leben in Armut ist eines der grundlegenden Ideale des Sufitums. Jeglicher Besitz wird als hinderlich auf dem Weg zur Gotteserkenntnis angesehen.

> Die Armut ist das Kennzeichen der Gottesfreunde, der Schmuck der Reinen und das, was Gott für seine auserwählten Frommen und Propheten ausersehen hat. Die Armen sind Gottes Auslese unter seinen Dienern und die Orte, in denen seine Geheimnisse unter seinen Geschöpfen niedergelegt sind. Durch sie schützt er die Menschen und durch ihre Segnungen bietet er ihnen ihren Unterhalt dar. Die geduldigen Armen sind Gottes Genossen am Tag der Auferstehung.[23]

---

19 Neben dem Flickenkleid können zur Ausstattung eines Sufis auch Bettelschale, Derwischmütze (*tāǧ*) oder bestimmte Schmuckstücke und Waffen gehören. Eine Übersicht gibt Frembgen, Jürgen Wasim: Kleidung und Ausrüstung islamischer Gottessucher. Beitrag zur materiellen Kultur des Derwischwesens. Wiesbaden: Harassowitz 1999.

20 Sarrāǧ, Abū Naṣr ᶜAbdallāh Ibn ᶜAli: Schlaglichter über das Sufitum. Abū Naṣr as-Sarrāǧs Kitāb al-lumaᶜ. Übers. u. komm. v. Richard Gramlich. Stuttgart: Steiner 1990. S. 65.

21 Überlieferungen zur Kleidung des Propheten und seiner Genossen finden sich bei Wensinck, A.J.: A Handbook of Early Muhammadan Tradition. Leiden: Brill 1960. S. 46f.

22 Vgl. Frembgen: Kleidung und Ausrüstung, S. 11f.

23 Qušayrī, ʾAbū l-Qāsim ᶜAbd al Karīm Ibn Hawāsin: Das Sendschreiben al-Qušayrīs über das Sufitum. Übers. u. komm. v. Richard Gramlich. Stuttgart: Steiner 1989. S. 372.

Der Flickenrock aus grobem Wollstoff war häufig das einzige Kleidungsstück des Sufis, weshalb er immer wieder ausgebessert werden musste. Huǧwīrī (starb 1063) vermerkte diesbezüglich:

> Now I, who am ʿAlī b. ʿUthmān al-Ǧullābī, asked the Grand Shaykh, Abu ʾl-Qāsim Gurgānī at Ṭūs, saying: What is the least thing necessary for a dervish in order that he may become worthy of poverty? He replied: A dervish must not have less than three things: first, he must know how to sew on a patch rightly; second, he must know how to listen rightly; third, he must know how to set his foot on the ground rightly. [...] A right patch is one that is stitched for poverty, not for show; if it is stitched for poverty it is right, even though it be stitched wrong.[24]

Die hier erwähnten Flicken (patches), die die Sufis zur Reparatur ihrer *ḫirqa* verwendeten, suchten sie sich aus dem Müll zusammen. „An sich besteht der Flickenrock aus Fetzen, die man vom Boden aufliest, von den Abfallhaufen und den Wegen. Sie waschen das und nähen einen Flicken auf den anderen. So wird der Rock schließlich schwer. Ihresgleichen dient er während des ganzen Lebens winters wie sommers als Kleid."[25]

Zur spirituellen Bedeutung, die das Tragen der *ḫirqa* für den Sufi hat, gibt es viele Ausführungen. So werden die Hoffnung auf Belohnung (der Eingang ins Paradies) und die Verehrung des Propheten angeführt. Weiterhin gilt das Tragen des Wollkleides als Zeichen des Verzichts und der Demut oder dient der Selbstdisziplin, um die Triebseele durch den rauen Wollstoff zu bekämpfen.[26] Außerdem symbolisiert die *ḫirqa* auch geistliche Macht und Führung.

> Von al-Ǧunayd wird berichtet, er habe gesagt: „Die Erde leuchtet von den Flickenrockträgern wie der Himmel von den Sternen." Die Erde leuchtet von denen, die den Flickenrock gemäß seinen Erfordernissen tragen. Wie die Sterne Leitzeichen sind, an denen man sich in den Finsternissen zu Wasser und zu Land orientieren kann, so gilt auch für die Träger des Flickenrocks, dass sie Orte zur Orientierung und ein Zeichen für die rechte Führung sind.[27]

Über die Verleihung des Flickenkleides als Zeichen der abgeschlossenen sufischen Erziehung schreibt Huǧwīrī Folgendes:

> The Ṣūfī Shaykhs observe the following rule. When a novice joins them, with the purpose of renouncing the world, he subjects him to spiritual dicipline for the space of three years. If he fulfils the requirements of this discipline, well and good; otherwise they declare that he cannot be admitted to the Path. [...] Now as to the person who invests the novice with the *muraqqaʿa*, he must be a man of rectitude (*mustaqīm al-ḥāl*) who has traversed all the hills and dales of the Path, and

---

24 Hujwīrī, ʿAlī B. ʿUthman al-Jullābī: The Kashf al-Maḥjūb. The oldest Persian Treatise on Ṣufism. Übers. v. R. A. Nicholson. Leyden: Brill 1911. S. 49.

25 Gramlich: Adab al-Mulūk, S. 61.

26 Ebd. S. 58f.

27 Ebd. S. 63f.

> tasted the rapture of "states" and perceived the nature of actions, and experienced the severity of the Divine beauty. [...] the wearer must resign all his hopes of the pleasures of life, and purge his heart of all sensual delights, and devote his life entirely to the service of God and completely renounce selfish desires. Then the Director (*Pīr*) ennobles him by clothing him in that robe of honour, while he on his part fulfils the obligations which it involves, and strives with all his might to perform them, and deems it unlawful to satisfy his own wishes.[28]

Das Flickenkleid erhält somit eine neue Funktion. Es ist nicht länger die individuell gewählte Tracht der Asketen, sondern vielmehr ein Kennzeichen der mystischen Ausbildung. Das Tragen der *ḫirqa* ist damit reglementiert und an Bedingungen geknüpft. Ein Sufi kann das Flickenkleid nicht mehr einfach anziehen, er muss es von einem rangmäßig höher gestellten Sufi verliehen bekommen. Die *ḫirqa* wird also zum Symbol des sufischen Noviziates. Dabei war nicht festgelegt, ob sie zu Beginn oder zum Ende desselben verliehen wurde. Es gab wohl beide Fälle.[29]

Die hier beschriebene Verwendung des Flickenkleides steht in engem Zusammenhang mit der etwa im 10./11. Jahrhundert einsetzenden Veränderung der Beziehung zwischen den Sufimeistern und ihren Schülern. Fritz Meier vermerkt hierzu: „Zur begründung und erleichterung der erziehung wird jetzt der unterschied zwischen meister und schüler stärker hervorgehoben und die distanz zwischen den beiden im hinblick auf die stellung, die sie zueinander einnehmen vergrössert."[30] Die von Huǧwīrī schon sehr früh beschriebene Regel der Initiation des Novizen durch ein Flickenkleid wurde zur weitverbreiteten Praxis und mündete in die Systematisierung der Erziehung und Ausbildung von Novizen in den ab dem 12. Jahrhundert entstehenden Sufiorden.

Im Laufe der Jahrhunderte bildeten sich in Bezug auf die *ḫirqa* die verschiedensten Bräuche und Vorstellungen aus, die in den klassischen Handbüchern über das Sufitum nicht zu finden sind. So verbreitete sich beispielsweise der Glaube an einen besonderen Segen (*baraka*), der der *ḫirqa* eines Meisters innewohnt und auf dessen Nachfolger übertragen wird, wenn dieser das Kleidungsstück erhält. Dieser Segen wurde ab dem 15. Jahrhundert im populären Sufitum zu einer regelrechten Institution. „The influence of *shaikhs* was such that whole tribes came to regard them as their decendants. All holy men had now to call themselves *sharīfs* and *baraka* became, not just a gift, but something that could be passed down and inherited."[31] Weiterhin bildeten sich mit der Entstehung der verschiedenen Sufibruderschaften jeweils eigene

---

28 Hujwīrī: Kashf al-Maḥjūb. Übers. Nicholson, S. 54ff.

29 Meier, Fritz: Ḫurāsān und das Ende der klassischen Sufik. In: Bausteine I. Ausgewählte Aufsätze zur Islamwissenschaft. Hrsg. v. Erika Glassen und Gudrun Schubert. Stuttgart: Steiner 1992. S. 140.

30 Ebd. S. 137.

31 Trimingham: Sufi Orders, S. 84.

Trachten mit charakteristischen Farben heraus. Dazu gehörten blaue und schwarze Gewänder als Ausdruck für Askese und Trauer, weiße Gewänder als Symbol des göttlichen Lichts sowie grüne Gewänder, die auf die Farbe des Propheten und des Paradieses hinweisen.[32] Diese Farben repräsentierten anfangs keine festgelegten Trachten, sondern waren der individuelle Ausdruck des Einzelnen.

> Von welcher Farbe soll der Flickenrock (*ḫirqa*) sein? Hat man die Triebseele überwunden, mit dem Schwert der Vita purgitiva getötet und sitzt nun in Trauer über die Seele, so soll man schwarz (*siyāh*) und dunkelblau tragen. Hat man von der Widerstandsleistung (gegenüber Gott, *muḫālafat*) sich bekehrt, sein innerstes mit der Seife der Reue (*inābat*) gewaschen und das Blatt seines Herzens von der Aufschrift (oder von den Bildern, *naqš*) der fremden (d.h. nichtgöttlichen) Elemente (*aġyār*) und der Lust der Triebseele gereinigt, so soll man weiß tragen. [...] Hat man an allen mystischen Standplätzen (Tugenden, *maqāmāt*) Anteil und auch vom Licht der mystischen Zustände (Gefühlserlebnisse, *ḥālāt*) einen Schein (*lumʿa*) erhalten, so soll man bunt (*mulammaʿ*) tragen. [...] Kurz, Äußeres und Inneres des Sufi müssen aufeinander ausgerichtet (*bar ǧadda-i istiqāmat*) und aufeinander abgestimmt (*muwāfiq-i yakdīgar*) sein. Was die Sufis äußerlich tun, muss in ihrem Inneren eine geistige Wirklichkeit (*ḥaqīqat*) haben.[33]

Was die *ḫirqa* in der hier untersuchten Sufiurkunde betrifft, so wird über ihr Aussehen keine Aussage getroffen. Fest steht jedoch, dass die typische Ordenstracht der Qādiriyya grün war. Einzelne Gruppierungen sollen auch weiß getragen haben.[34] Über den Anlass und die Bedeutung der *ḫirqa* im hier vorliegenden Fall erhält man dagegen zahlreiche Informationen. As-Sayyid Muḥammad wird von seinem Meister, nachdem dieser einen Konsens der Ordensbrüder erzielt hat (Zeile 14f), als Scheich und Nachfolger (*ḫalīfa*) eingesetzt und erhält das Flickenkleid (Zeile 23). An anderer Textstelle wird dann auch kurz die Erziehung erwähnt, die der neu ernannte Scheich von seinem Meister erhalten hat (135ff) sowie seine Rechte als Scheich und Nachfolger (Zeilen 150-170). In diesem Zusammenhang ist anzumerken, dass es bei der Übersetzung des Wortes *ḫalīfa* zwei Möglichkeiten gibt: Entweder bezeichnet es einen regelrechten Nachfolger oder einen Stellvertreter, der befugt ist, im Auftrag seines Meisters zu handeln. Solche Helfer mit der Bezeichnung *ḫalīfa* wurden ab dem 14. Jahrhundert ernannt, um der immer größer werdenden Zahl an Novizen, deren Betreuung ein Meister allein nicht mehr zu bewerkstelligen vermochte, eine Ausbildung zu ermöglichen. Diese führte der *ḫalīfa*

---

32 Vgl. Frembgen: Kleidung und Ausrüstung, S. 14.

33 Meier, Fritz: Ein Knigge für Sufis. In: Bausteine I. Ausgewählte Aufsätze zur Islamwissenschaft Hrsg. v. Erika Glassen und Gudrun Schubert. Stuttgart: Steiner 1992, S.72f.

34 Vgl. Atasoy: Sufi Order Garments, S. 197ff.

im Namen seines Scheichs durch.[35] Da der Text bezüglich der hier intendierten Bedeutung des Wortes keine eindeutige Zuordnung zulässt, habe ich mich in der Übersetzung und in der Interpretation dafür entschieden, *ḫalīfa* hier als Nachfolger zu verstehen, da die Kompetenzen des as-Sayyid Muḥammad sehr weitreichend sind. An einer Stelle ist davon die Rede, dass er als Scheich über sämtliche islamische Länder ernannt wird und ihm allein die Verantwortung obliegt (Zeile 153ff). Trotzdem kann die alternative Möglichkeit, den *ḫalīfa* hier als einen Stellvertreter zu verstehen, nicht völlig ausgeschlossen werden, da sie prinzipiell von der Wortbedeutung und vom Kontext her möglich ist.

2.5 Entstehung, Entwicklung und Verbreitung des Qādiriyya-Ordens

Der Qādiriyya-Orden gehörte zu den ersten sufischen Gemeinschaften, die sich im 12. und 13. Jahrhundert im Rahmen einer fest organisierten und reglementierten Ordnung als Bruderschaft formierten.[36] Diese Entwicklung stellte eine Neuerung dar, lebten doch die Sufis vorher in mehr oder weniger losen Zirkeln zusammen, schlossen sich zum Teil gleichzeitig oder nacheinander verschiedenen Meistern an und reisten zu charismatischen Persönlichkeiten. Sie eigneten sich somit ihr Wissen über den mystischen Weg zur Gottesbegegnung auf sehr vielfältige und eigenständige Weise ohne festgelegtes Curriculum an.

Eine wichtige Rolle auf dem Weg zur Ordensbildung spielten die frühen Sufihandbücher. Darunter die berühmten Werke *kitāb al-lumaʿ fī t-taṣawwuf* (Schlaglichter über das Sufitum) von Abū Nasr as-Sarrāǧ (starb 988), *qūt al-qulūb* (Die Nahrung der Herzen) von ʾAbū Ṭālib al-Makkī (starb 996), *ṭabaqāt aṣ-ṣūfiyya* (Die Klassen der Sufis) von ʾAbū ʿAbd ar-Raḥmān al-Sulāmi (starb 1021) und *kašf al-maḥǧūb* (Enthüllung des Verborgenen) von al-Huǧwīrī (starb 1077).[37] Diese Schriften enthalten Abhandlungen zu den verschiedenen Bereichen des Lebens als Sufi. Die Bandbreite reicht von Berichten über das Leben der Vorbilder der Sufis (beispielsweise Prophetengefährten), Meinungen zur Armut und zum Tragen des Flickenkleides, religiöse Vorschriften zum Beten, Fasten, zur Klausur und zur rituellen Reinheit, Verhaltensregeln der Beziehung zwischen Meister und Novize, sowie Kapitel über das Gottgedenken, ekstatische Zustände und verschiedene Standplätze der Sufis. Mit ihrer gro-

---

[35] Vgl. Knysh, Alexander: Islamic mysticism. A short history. Leiden: Brill 2000. S. 177f.

[36] Andere „klassische" Sufiorden, die in dieser Zeit entstanden sind Šāḏiliyya, Suhrawardiyya, Rifāʿiyya.

[37] Eine Übersicht über Werke und Autoren findet sich bei Knysh: Islamic Mysticism, S. 118ff.

ßen Bandbreite an Information schrieben diese Werke Praxis und Theorie des damaligen Sufitums fest und lieferten damit die schriftliche Grundlage und Systematisierung einer sich entwickelnden mystischen Bewegung im Islam, welche immer mehr Anhänger fand. Das Sufitum wurde durch diese Schriften expliziert und legitimiert. Es erhielt dadurch Struktur sowie die Möglichkeit zur Referenz und Orientierung. Gleichzeitig wurde eine Verortung der islamischen Mystik in der Orthodoxie vorgenommen. So legten die Autoren besonderen Wert darauf, sich auf Koranverse und Prophetentraditionen zu berufen, das Sufitum als eine Wissenschaft zu definieren[38] und Aussagen ihrer Kritiker zu widerlegen.

Eine weitere Voraussetzung für die Formierung der Sufiorden waren Veränderungen in der Meister-Schüler-Beziehung. Diese entwickelte sich von einer informellen, in den meisten Fällen losen Bindung, bei der es in erster Linie um die Weitergabe von Wissen ging, zu einem durch feste Regeln und hierarchische Strukturen determinierten Abhängigkeitsverhältnis des Schülers zu seinem Meister. Dabei gewann die Erziehung gegenüber der Wissensvermittlung an Bedeutung.

> In der klassischen zeit wird mehr nur von der selbsterziehung gesprochen, die behandlung des schülers durch den meister steht noch am rande. Mit der fortgeschrittenen entwicklung und verfächerung der ṣūfik wird nun im 11. jh. ein punkt erreicht, wo auch das problem der novizenerziehung stärker ins blickfeld rückt.[39]

Ein möglicher Grund für diesen Vorgang könnte die Notwendigkeit gewesen sein, die Beziehung der Scheichs zu den sich ihnen in immer größeren Zahlen anschließenden Adepten zu regeln und damit den sufischen Alltag zu vereinfachen. Auch die Verhinderung heterodoxer Züge im Sufitum sowie psychologische und philosophische Überlegungen mögen eine Rolle gespielt haben. Besagte Regeln für die Ausbildung und Erziehung auf dem Weg zur mystischen Gotteserfahrung wurden als *ṭarīqa* (Pfad) bezeichnet und konnte von Scheich zu Scheich variieren. *Ṭarīqa* (Pl. *ṭuruq*) wurden dann auch die in der Folgezeit entstehenden Sufiorden genannt, in denen spezifische Methoden der Novizenausbildung und des sufischen Lebens praktiziert wurden. So sind die Orden auch nach ihrem (tatsächlichen oder legendären) Gründer bezeichnet, auf den gleichzeitig der jeweilige Regelkanon des Ordens zurückgeführt wird.

Die Begründung der Qādiriyya-Bruderschaft wird dem hanbalitischen Gelehrten ʿAbd al-Qādir al-Ǧīlānī (1077-1166) zugeschrieben. Er stammt aus Ǧīlān in Persien und ging zum Studium des islamischen Rechts nach Bagdad. Dort empfing er den Berichten zufolge auch eine *ḫirqa*. Al-Mubārak al-Muḫarrimī, ein bekannter hanbalitischer Gelehrter, soll sie ihm überreicht

---

[38] Vgl. beispielsweise Sarrāǧ: Kitāb al-lumaʿ, Kapitel 1-12.
[39] Meier: Ende der klassischen Sufik, S. 137.

haben. Als dieser verstarb, übernahm ʿAbd al-Qādir die Leitung seiner *madrasa*. Aus dieser Einrichtung und einem angegliederten Gästehaus soll der erste Konvent der Qādiriyya entstanden sein.[40]

Schon zu Lebzeiten zogen die Predigten ʿAbd al-Qādirs große Menschenmassen an.[41] Diese Popularität verstärkte sich nach seinem Tod noch. Sein Grab in Bagdad wurde zur Pilgerstätte und bis heute gilt er als der größte Sufiheilige. Um seine Person und sein Leben ranken sich allerlei Legenden über Wundertaten und übersinnliche Fähigkeiten. Diese lassen sich jedoch nicht mit den eher nüchternen Inhalten der von ʿAbd al-Qādir überlieferten Predigttexte vereinbaren.[42] Auch ist fraglich, ob und in wieweit ʿAbd al-Qādir wirklich praktizierender Sufi war. Sein Portrait als Heiliger und Wundertäter ist vor allem von aš-Šaṭṭanawfī[43] geprägt worden. Andere, vor allem zeitgenössische Quellen behaupten, er sei kein Sufi gewesen und habe auch niemandem eine *ḫirqa* verliehen oder eine *ṭarīqa* begründet.[44] Welche dieser Informationen zutrifft, ist nicht mehr nachzuvollziehen. Sicher ist jedoch die posthume Zunahme an Popularität und die Entstehung eines ausgeprägten Kultes um seine Person. Es ist wahrscheinlich, dass die Weiterführung der *madrasa* und die Verbreitung des Ordens nach ʿAbd al-Qādirs Tod durch seine Söhne und deren Nachkommen erfolgte. Der Qādiriyya-Konvent in Bagdad wurde 1248 beim Einfall der Mongolen beschädigt. Zahlreiche Nachkommen und Anhänger ʿAbd al-Qādirs kamen ums Leben.[45] In den darauffolgenden Jahren wurden jedoch in verschiedenen Orten und Regionen außerhalb Bagdads Orden unter der Patronage ʿAbd al-Qādirs gegründet. So gab es zu Beginn des 14. Jahrhunderts verschiedene Einrichtungen im Irak und in Syrien. Im 15. Jahrhundert wurde die Qādiriyya durch missionarische Tätigkeit nach Indien gebracht und verbreitete sich von dort über China bis nach Malaysia. Im 17. Jahrhundert sind auch in Marokko (Fez), Ägypten, auf der Arabischen Halbinsel sowie in Anatolien Qādiriyya Orden dokumentiert.[46] Vor dem 18. Jahrhundert gab es keine zentrale Organisation der verschiedenen Ordenskonvente und somit erfolgte keine systematische Dokumentation der Verbreitung und Gründung von Niederlassungen. „The Shādhiliyya and the Qādiriyya had no central organisation, and there was no control over the nomination of shaykhs in the individual zawāyā. Even the decendants of ʿAbd al-Qādir al-Jīlānī in Baghdad, guardians of his tomb,

40 Knysh: Islamic Mysticism, S. 180.

41 Ebd.

42 GAL, SI S. 777.

43 Šaṭṭanauwfī, ʿAlī b. Yūsuf: Bahǧat al-asrār wa-maʿadin al-anwār. Siehe GAL SII, S. 147.

44 Vgl. Trimingham: Sufi Orders, S. 42.

45 Vgl. E.I.², Bd. 4, S. 380b.

46 Vgl. Ebd. S. 382a.

were not recognized as their superiors by other Qādiri shaykhs."[47] Im 18. Jahrhundert veränderte sich diese Situation. Auch in der hier untersuchten Urkunde, die aus dem letzten Drittel des 18. Jahrhunderts stammt, findet sich ein entsprechender Hinweis. Es ist die Rede davon, dass Sufis an unterschiedlichen Orten dem neu ernannten Scheich zum Gehorsam verpflichtet sind (Zeile 140ff).

2.6 Sufitum im Osmanischen Reich

Die Entstehungszeit der hier untersuchten Sufiurkunde, deren Herkunft in Ḥamā (Syrien) zu verorten ist, liegt Ende des 18. Jahrhunderts. Zu dieser Zeit war Syrien als arabische Provinz Teil des Osmanischen Reiches,[48] wenn auch im 18. Jahrhundert (1725-1807) der Clan der al-ʿAzm faktisch die Macht übernommen hatte und das gesamte syrische Gebiet von Damaskus aus selbstständig kontrollierte.[49]

Die Besonderheit des Sufitums im Osmanischen Reich besteht darin, dass die Sufis und Sufiorden von dessen Entstehung an eine konstitutive und kaum zu überschätzende Rolle spielten. Ihr Einfluss wird darin deutlich, dass die Glaubenspraxis der Sufis im osmanischen Reich von weiten Teilen der Bevölkerung übernommen und somit von der Lebensweise einer islamischen Minderheit zu einer Massenbewegung und zu *der* gängigen Art wurde, den Islam im Alltag zu praktizieren. Zwischen 1820 und 1920 gab es im Kerngebiet des Osmanischen Reiches zwischen zwei- und dreitausend Sufikonvente. Jene in den Provinzen kommen noch hinzu. Schätzungen gehen davon aus, dass zu Beginn des 20. Jahrhunderts in Istanbul ein Viertel der Bevölkerung Verbindung zu einem Sufiorden hatte.[50] Für Damaskus gibt es Angaben darüber, dass im 19. Jahrhundert 15 bis 20 Prozent der dort ansässigen *ʿulamāʾ* Mitglieder eines Sufiordens[51] und somit aktive Sufis waren.

---

47 Levtzion, Nehemia: Eighteenth Century Sufi Brotherhoods. Structural, Organisational and Ritual Changes. In: Islam. Essays on scripture, thought and society. Hrsg. v. Peter G. Riddell. Leiden: Brill 1997. S. 148.

48 Das Gebiet des heutigen Ägypten, Syrien und Palästina wurde 1517 von den Osmanen eingenommen. Syrien stand bis 1918 unter osmanischer Herrschaft. Diese wurde von 1832 bis 1840 durch die Eroberung und eine darauffolgende 8-jährige Regierungszeit Muḥammad ʿAlīs unterbrochen.

49 Kreiser, Klaus: Der Osmanische Staat. 1300-1922. München: Oldenbourg Verlag 2001. (=Oldenbourg Grundriss der Geschichte; Band 30) S. 33.

50 Kreiser, Klaus: The Dervish Living. In: Lifchez, Raymond (Hrsg.): The Dervish Lodge. Architecture, Art and Sufism in Ottoman Turkey. Berkely: University of California Press 1992. S. 49.

51 Sedgwick, Mark J.: The Place of Religion in Social Life. The Nature of Ottoman Sufism. In: The Great Ottoman Turkish Civilisation Vol. 2. Hrsg. v. Kemal Cicek. Ankara: Yeni Türkiye 2000. S. 508.

Wie viele Sympathisanten und passive Mitglieder es gab, ist nicht dokumentiert, lässt sich aber anhand dieser Zahlen erahnen.

Während der Osmanischen Herrschaft reichten die Aktivitäten der Sufis und Sufiorden weit über den religiösen Bereich hinaus bis hin zu Wirtschaft und Politik. Die Beziehung der Sufis zur osmanischen Staatsmacht war ambivalent. Einerseits bedurften die osmanischen Herrscher der Unterstützung der Sufiorden, welche vor allem der Landbevölkerung nahestanden, um die Stabilität des Reiches zu gewährleisten und eine, wenn auch teilweise oberflächliche, Islamisierung Anatoliens voranzutreiben. Zum anderen erfüllten die Sufikonvente unverzichtbare karitative und infrastrukturelle Aufgaben. Allerdings stellten die teils heterodoxen Neigungen der Sufis und die damit verbundenen Revolten und Aufstände aber auch eine Provokation, wenn nicht sogar eine existentielle Gefahr für die offizielle Orthodoxie dar. Die Sufiorden mit ihrem großen Einfluss auf die Bevölkerung waren also auch ein potentiell subversives Element im Staat.

Schon die seit dem 11./12. Jahrhundert aus Zentralasien einwandernden türkischen Nomaden brachten einen sufisch-synkretistisch geprägten islamischen Glauben nach Anatolien mit.

> Den Islam der Nomaden prägten die Derwische, oft als *abdal* bekannt, sowie die *babas*, geistliche Führer, die manche Elemente aus Naturkulten und in gewissen Fällen auch aus dem Schamanismus in ihre tägliche Praxis einfließen ließen. Dabei schufen sie eine neue religiöse Synthese mit eigener Dynamik. Im Laufe der Jahrhunderte sollte diese, aus der Sicht des sunnitischen Islams betrachtet, heterodoxe Religiosität eine wichtige Rolle spielen.[52]

Wie bereits erwähnt, trugen die Sufis maßgeblich zur Islamisierung der anatolischen Bevölkerung und zur Neugründung von Siedlungen bei. Dies lässt sich bis heute an der Namensgebung vieler türkischer Ortschaften zu erkennen.[53] Durch ihre vor allem auf ländliche und bis in die abgeschiedensten Winkel des Reiches reichende Aktivität erreichten die Sufis die Bevölkerung dort, wo der Einflussbereich der städtisch-orthodoxen *ʿulamāʾ* nicht hinreichte. Gerade in der Gründungsperiode des osmanischen Staates trug die Anwesenheit der Sufis zur Konsolidierung der neuen Herrschaft und ihrer Religion bei, indem sie sich oftmals nicht gegen die religiösen Bräuche und Überzeugungen der Menschen (dazu gehörten Christentum, Judentum, Verehrung lokaler Heiligen, Schamanismus) stellten, sondern diese in ihre sufisch-islamische Glaubenspraxis integrierten oder zumindest duldeten. So ist bei-

---

52 Faroqhi, Suraiya: Kultur und Alltag im Osmanischen Reich. Vom Mittelalter bis zum Anfang des 20. Jahrhunderts. München: Beck 2003. S. 33.

53 Vgl. Savaş, Saim: The Role of the Dervish Lodges in the Development of Turkish Culture. In: The Great Ottoman-Turkish Civilisation Bd. 4. Hrsg. v. Kemal Cicek. Ankara: Yeni Türkiye 2000. S. 70.

spielsweise bekannt, dass die Sufis in einigen Fällen die an einem bestimmten Ort praktizierte Heiligenverehrung unter islamischem Vorzeichen fortführten. Außerdem wurden sie selbst oftmals nach ihrem Tod als Heilige verehrt, ihre Gräber wurden zu Pilgerstätten und nicht selten entstanden um sie herum neue Sufikonvente, Dörfer und ganze Städte.[54] Auf diese Weise wurde die Sufibewegung gerade im ländlichen Anatolien zum integralen Bestandteil der osmanischen Gesellschaft. Die Tatsache, dass die Heiligenverehrung von vielen Sufis geduldet oder sogar propagiert wurde, ein dem Islam völlig fremdes und grundsätzlich als *širk* (=Polytheismus, Götzendienst) betrachtetes Element, war den die islamische Orthodoxie vertretenden osmanischen Herrschern ein Dorn im Auge. Obwohl sie versuchten, dem durch bewusste Förderung orthodox gesinnter Orden entgegenzuwirken,[55] sahen sie sich aus Angst vor Revolten und im Angesicht der hohen Sympathie des Volkes für die Sufis, gezwungen, diese gewähren zu lassen. „The actual power of the dervish orders over the masses was proved many times in the history of the Ottoman Empire. Through the centuries their leadership in, and roles as instigators of, numerous riots and rebellions runs like a red thread."[56] Ein solcher, für die Osmanen gefährlicher Aufstand von schiitischen Sufis, die mit den Safawiden sympathisierten, ereignete sich beispielsweise 1511.[57] Trotzdem etablierten sich die Sufis und ihre Orden als tragendes Element der osmanischen Gesellschaft. Dies hing mit den zahlreichen Funktionen und Diensten zusammen, die die Sufikonvente erfüllten, was dazu führte, dass sie auch von offizieller Seite gefördert wurden und ihre Konvente, die meist den Status eines *waqf* (religiöse Stiftung) hatten, zahlreiche Zuwendungen und Begünstigungen erhielten. Der Sufikonvent, zunächst einmal Unterkunft für einen Scheich und seine Anhänger, in dem sie leben und ihren Glauben praktizieren konnten, wurde zu einem wichtigen infrastrukturellen Baustein im Osmanischen Reich und seinen Provinzen. Der Grund dafür war, dass sich die Sufiorden bevorzugt außerhalb von urbanen Gebieten an wichtigen Reisewegen, schwierigen Bergpässen und in besonders abgelegenen Gegenden, verteilt über das gesamte Reich, niederließen.[58] Hier erfüllten sie eine einzigartige Schutzfunktion für Reisende und Pilger, denen sie, ungeachtet ihrer Herkunft und ihres Glaubens, kostenlose Herberge und Verpflegung boten. Aufgrund der Frequentierung der Sufikonvente durch

---

54 Ebd.

55 Vgl. Faroqhi: Kultur und Alltag, S. 35.

56 Kissling, Hans Joachim: The Sociological and Educational Role of the Dervish Orders in the Ottoman Empire. In: Studies in Islamic Cultural History. Hrsg. v. G. E. Grunebaum. Menasha, Wisconsin: The American Anthropological Association 1954. S. 30.

57 Faroqhi: Kultur und Alltag, S. 34f.

58 Vgl. Savaş: The Role of the Dervish Lodges, S. 69.

Reisende entwickelten sich diese bald zu Nachrichtenzentralen und leisteten somit einen wichtigen Beitrag zur Informationsverbreitung und zur Verbindung der einzelnen Regionen des großen Reiches. „Given that the lodges were sites where wayfarers were welcomed, they were, in a sense, the most significant centres of communication in their day. All kinds of travellers, with religious, political or military titles, must have narrated here all that they had heard, seen and known."[59] Dieses „Informationsnetzwerk" der Sufis führte dazu, dass sie über alle Vorgänge in ihrer Region unterrichtet waren und entsprechend darauf reagieren konnten.

> Wenn etwa ein Provinznotabel die Landbewohner in Bedrängnis brachte, kam es vor, dass sie die Vermittlung eines Derwisches in Anspruch nahmen, der seinerseits an den Istanbuler Zentralkonvent berichtete. Wenn der Scheich bei Hofe Einfluss besaß, konnte dieses Vorgehen eine offizielle Beschwerde an den Rat des Sultans wirkungsvoll ergänzen.[60]

Eine weitere wichtige Aufgabe, die viele Sufikonvente übernahmen und die ihnen vor allem die Sympathie der einfachen Leute einbrachte, war die Armenspeisung. Dieses karitative Engagement der Konvente wurde durch private Spenden und Zuwendungen von offizieller Seite ermöglicht. Generell lässt sich feststellen, dass die Sufikonvente auf dem Land oftmals die Rolle der *madrasa* übernahmen. Der Einflussbereich dieser islamischen Bildungseinrichtungen beschränkte sich meist auf die größeren Städte und konnte die einfache Landbevölkerung somit schon rein geografisch nicht erreichen. Abgesehen davon fanden die Sufis mit ihrer Versprosa und ihren in einfacher Sprache gehaltenen Texten einen besseren Zugang zu den Bedürfnissen der zumeist ungebildeten Landbevölkerung.

> To the mind of the simple people the Mullah and the rest of the orthodox clergy cannot compete with the dervish orders and take second place in comparison. With their abstract dogmas, the Moslem clergy are too far removed from the problems of the masses, of the common man. They are much too academically minded to exert strong personal influence on their souls, especially since the orthodox system of Islam lacks the idea of pastoral office (Seelsorge). [...] The man in the street felt that he was cared for by the dervishes and that he would find help and refuge with them in any emergency.[61]

Die Sufis erfüllten durch ihre fromme Lebensführung, durch ihr Ideal der Armut und der praktischen Hilfe eine Vorbildfunktion für die Menschen. Dieses hohe Ansehen sicherte ihnen die Loyalität der Bevölkerung und begründete wiederum ihre politische Macht und vielfältige Einflussmöglichkeiten.

59 Ebd. S. 70.
60 Faroqhi: Kultur und Alltag, S. 81.
61 Kissling: The Sociological and Educational Role, S. 27f.

Viele Sufikonvente beherbergten größere Bibliotheken mit Abschriften religiöser Standardwerke aus den Bereichen Koran, *ḥadīṯ* und *tafsīr*. Außerdem fanden sich dort auch philosophische Werke, Wörterbücher und Grammatiken. Die meisten, wenn auch nicht alle professionellen Sufis hatten, im Gegensatz zur Mehrheit der Bevölkerung, zumindest eine Grundausbildung, viele waren sogar sehr gebildet. Gerade auf dem Land boten die Sufiorden den einzig möglichen Zugang der Menschen zu Wissen und Schriftkultur. Manche Konvente fungierten als Lehranstalt oder öffneten ihre Bibliotheken für die Öffentlichkeit.[62]

Während die Sufibewegung in Anatolien ausgehend vom 12. Jahrhundert bis ungefähr Anfang des 16. Jahrhunderts vorwiegend von sog. *babas*, wandernden *kalandar*-Derwischen und spezifisch türkischen Sufibruderschaften wie dem *Bektašī*-Orden geprägt war, breiteten sich mit der Eingliederung der arabischen Provinzen 1517 in das Osmanische Reich dort zunehmend auch Zweige von älteren, aus dem Nahen Osten stammenden Sufiorden aus und gewannen an Einfluss. Der Qādiriyya-Orden wurde im 15. Jahrhundert von ʾAšrafoğlu ʿAbdallāh Rūmī (starb 1469) von Iznik und Bursa ausgehend nach Anatolien gebracht und etablierte sich unter dem Namen ʾAšrafiyya.[63] Es soll hier noch angemerkt werden, dass Rūmī, bevor er in Anatolien wirkte, einige Zeit im Qādiriyya-Konvent in Ḥamā, aus dem die hier untersuchte Handschrift vermutlich stammt, verbrachte, wo er ein Schüler des Scheich Ḥusayn al-Ḥamawī[64] war. Von diesem Scheich soll er auch eine *ʾiǧāza* erhalten haben.

2.7 Der Qādiriyya-Orden in Ḥamā (Syrien)

Der Qādiriyya-Konvent in Ḥamā, aus dem die in dieser Arbeit untersuchte Handschrift sehr wahrscheinlich stammt, wurde im 14. Jahrhundert von Šaraf ad-Dīn Yaḥyā (starb 1333) gegründet. Dieser war ein direkter Nachkomme des Ordensgründers ʿAbd al-Qādir al-Ǧīlānī und wird in der Handschrift erwähnt (Zeile 68). Über die folgenden Jahrhunderte prägten seine Nachkommen als lokaler Religionsadel die Stadtgeschichte Ḥamās maßgeblich.

Die historische Bedeutung der Familie Ǧīlānī in Ḥamā zeigt sich in vielfacher Hinsicht. So bekleideten Mitglieder dieses Familienclans, auch unter

---

62 Siehe Savaş: The Role of the Dervish Lodges, S. 71ff sowie Faroqhi: Kultur und Alltag, S.210ff.

63 Türer, Osman: The Sufi Orders in Ottoman Anatolia. In: Sufism and Sufis in Ottoman Society. Hrsg. v. Ocak, Ahmet Yaşar. Ankara: Türk Tarih Kurumu 2005. (= Atatürk Supreme Council for Culture, Language and History. Publications of the Turkish Historical Society; Bd. 30). S. 225f.

64 Dieser Scheich ist mit hoher Wahrscheinlichkeit mit dem in der Handschrift als Badr ad-Dīn Ḥasan bezeichneten Qādiriyya-Scheich identisch. Siehe unten Position 20.

den Namen Kīlānī oder Kaylānī bekannt, öffentliche Ämter, bauten Moscheen und gründeten Stiftungen. Sie verfügten über beträchtlichen Reichtum, und ihr Einfluss und Ansehen reichten über die Stadtgrenzen Ḥamās hinaus. Die Periode, in der die Bedeutung der Ǧīlānīs in Ḥamā ihren Höhepunkt erreichte, erstreckt sich vom 17. bis zum 19. Jahrhundert. Aus dieser Zeit stammt auch die in dieser Arbeit untersuchte Handschrift. Der Aufstieg der Familie ist an der Verleihung des Titels *naqīb al-ašrāf* an den Ordensscheich der Qādiriyya ʿAbd ar-Razzāq (1630-1701) zu erkennen. Dieser Titel bezeichnet den politisch und ökonomisch mächtigsten Mann der Stadt und ist mit hohem Ansehen verbunden. Der Träger dieses Titels wird faktisch als lokale Führungsperson anerkannt. In Ḥamā wurde dieser Titel vom 17. bis 20. Jahrhundert an Mitglieder der Familie Ǧīlānī verliehen.[65] Neben dem Amt des Ordensscheichs im örtlichen Qādiriyya-Konvent bekleideten (besonders im 18. Jahrhundert) Mitglieder jener Familie das Amt des *muftī ḥanafī* der Stadt Ḥamā, welches dem von osmanischen Beamten besetzten Posten des *qāḍī* direkt untergeordnet war.[66] Neben dem hohen Ansehen, das die Familie genoss, trug sicher auch ihre traditionelle Zugehörigkeit zur hanafitischen Rechtsschule dazu bei, sich für besagtes Amt auszuzeichnen. Außerdem lässt sich hier die gute Beziehung der Ǧīlānīs zum osmanischen Staat erkennen. Die Kooperation mit lokalen Machthabern in den Provinzen gehörte zu dieser Zeit zur strategischen Ausrichtung der osmanischen Verwaltungsstruktur.

> L'un des facteurs de l'ascension sociale au niveau local et même impérial des notables de Syrie a partir du XVII et du XVIII siècle est dû en partie au fait que des postes de l'administration ottomane, occupées autrefois par des Turcs, devenait accessible aux locaux. Les notables, généralement membres de grandes familles, se plaçaient, ainsi que nous l'avons indiqué ci-dessus, comme des intermédiaries inévitables entre le pouvoir central et la population.[67]

Für diese Vermittlerstellung zwischen Staatsmacht und Volk, die die Ǧīlānīs in Ḥamā ausübten, waren ihr religiöser Hintergrund als Inhaber eines Sufikonventes und ihre Abstammung von einem berühmten Sufiheiligen von entscheidender Bedeutung.

> Unlike most of the military-administrative elite their authority was moral and did not depend exclusively on their appointment to posts. Highly regarded religious notables retained their moral authority even after dismissal from appointed positions, and some enjoyed reputations that extended beyond their home towns.

[65] Khenchelaoui, Zaim: La famille Jīlānī de Hamā. In: Journal of the history of Sufism Vol. 1-2 (2000). S. 58.

[66] Ebd.

[67] Ebd. S. 62.

> They used their cultural capital and religio-judicial positions to amass and consolidate material affluence, undergirding their position as local notables and natural leaders of urban society.[68]

Neben ihrer politischen und religiösen Vormachtstellung in Ḥamā und Umgebung verfügten die dort ansässigen Nachkommen ʿAbd al-Qādir al-Ǧīlānīs über beträchtlichen wirtschaftlichen Einfluss und besaßen Immobilien, Ländereien und Stiftungsgüter. Dazu gehörten beispielsweise Ladengebäude, Gärten, Ländereien, Kaffeehäuser, Wasserräder und öffentliche Bäder.[69] Der repräsentativste Teil des Familieneigentums war sicherlich das Konventgebäude der Qādiriyya im Stadtteil al-Hādir und die in dessen Nachbarschaft im 17. Jahrhundert erbaute Moschee des Scheich ʾIbrāhīm. Dieser Teil der Stadt, in dem auch viele Ǧīlānīs wohnten, war bekannt unter dem Namen al-Kaylāniyya.[70]

Was die religiösen Aktivitäten des Qādiriyya-Ordens in Ḥamā betrifft, so ist bekannt, dass das *ḏikr*-Ritual im 18. Jahrhundert jede Woche nach dem Freitagsgebet in den Räumen des Konventgebäudes abgehalten wurde.

> Le choix du vendredi, un jour rarement choisi en règle générale par les ordres soufis pour tenir leurs assemblées, révèle que la Qādiriyya de Hama entendait identifier son jour de devotion propre au principal jour de la semaine musulmane et dans le prolongement de la grande prière. Elle se plaçait ainsi officiellement dans le calendrier religieux de la ville de Hama, rien de plus naturel pour une confrérie dirigée par des *shurafāʾ*.[71]

Die Initiation erfolgte, wie in den meisten Sufiorden, durch den Erhalt des Flickenkleides und einer Zulassungsurkunde (*ʾiǧāza*) in Verbindung mit einem Treueschwur, den der in den Orden Eintretende zu leisten hatte. Eine Besonderheit stellt der Säbel dar, den die Ordensscheiche der Qādiriyya in Ḥamā an ihre Nachfolger vererbten. Hierbei handelte es sich um ein Symbol des Familienzweiges, der wohl auf den Beinamen „*Sayf Allāh*" des Konventsgründers Šaraf ad-Dīn Yaḥyā zurückgeht.[72] Weiterhin gibt es Berichte darüber, dass die Qādiriyya-Scheichs in Ḥamā das *dawsa*-Ritual praktizierten.[73] Dabei handelt es sich um eine aus Ägypten und Syrien bekannte Praktik, bei der sich die Ordensmitglieder auf die Straße legten und ihr Scheich mit einem Pferd über ihre Rücken ritt, ohne dabei jemanden zu verletzen. Dieser

---

68 Reilley, James: Elites, Notables and Social Networks of Eighteenth-Century Hama. In: Tsugitaka, Sato (Hrsg): Islamic Urbanism in Human Society. Political Power and Social Networks. London: Kegan Paul 1997. S. 226f.

69 Weitere Details finden sich ebd. S. 228.

70 Reilley, James: A small town in Syria. Ottoman Hama in the Eighteenth and Nineteenth Centuries. Oxford: Lang 2002. S. 27.

71 Khenchelaoui: La famille Jīlānī, S. 70.

72 Ebd. S. 69.

73 Ebd. S. 70.

an eine Mutprobe erinnernde Vorgang sollte den Glauben der Ordensbrüder und ihren Gehorsam dem Scheich gegenüber prüfen. Ende des 19. Jahrhunderts wurde das *dawsa*-Ritual offiziell abgeschafft.[74]

Im Jahr 1982 endet die jahrhundertealte Geschichte des Qādiriyya-Konvents und der Familie Ǧīlānī in Ḥamā. Das Konventgebäude, bekannt unter dem Namen *Bayt al-Ǧīlānī* und Symbol der Qādiriyya in Ḥamā, wurde durch Bombardierungen im Rahmen des Kampfes der syrischen Regierung gegen die in Ḥamā ansässigen Muslimbrüder zerstört. Zahlreiche Menschen, darunter auch viele Ǧīlānīs, kamen ums Leben.[75]

2.8 Die silsila

Die *silsila* in der hier untersuchten Urkunde besteht aus 37 Personen und reicht von ʿAlī ʾIbn ʾAbī Ṭālib bis as-Sayyid Muḥammad. Zumindest der älteste Teil der hier dokumentierten Namensfolge ist allgemein bekannt und gewissermaßen grundlegend für das Selbstverständnis und die Tradition der Qādiriyya.

> Those connected with this tarīqa agreed the *ilāhi fayḍ* (holy power), *baraka* (divine gift), *ʿirfān* (divine knowledge) and *ḥuḍur* (spiritual peace and tranquillity) had decended to them by the following path: The prophet Muḥammad, Imam ʿAli, Imam Ḥusayn, Zayn al-ʿĀbidīn, Muḥammad Bāqir, Djaʿfar Ṣādiq, Mūsā Kāẓim, ʿAli Riḍā, Maʿrūf Karkhī, Serī Saqatī, Djunayd Baghdādī, Shiblī, Abū al-Faḍl ʿAbd al-Wāḥid al-Tamīmī, Yusuf al-Tarsūsī, ʿAli b. Muḥammad b. al-Hakkarī, Abū Saʿīd al-Makhzūmī, ʿAbd al-Qādir al-Djīlī *(pīr-i Ṭarīqat)*, Seyyid Muḥammmad al-Djīlī, Seyyid Ḥusām al-dīn, Seyyid Shihāb ad-dīn, Seyyid ʿAlā ad-Dīn, Seyyid Ḥusayn Ḥumāwī, Ashrafzāda ʿAbd Allah Rūmī *(Pīr-i Thānī)*.[76]

In letztgenannter *silsila* des Rūmī (starb 1469), der im osmanischen Reich den Qādiriyya-Orden in Anatolien einführte, finden sich viele Übereinstimmungen mit der hier untersuchten *silsila*. Außerdem wird bezeugt, dass der Qādiriyya-Orden von Ḥamā ausgehend nach Anatolien kam, denn der hier als Seyyid Ḥusayn Ḥumāwī bezeichnete Sufi und Meister des Rūmī war Qādiriyya-Scheich in Ḥamā (siehe unten Position 20). Der älteste Teil der Filiation, in der berühmte Sufivorbilder aus Bagdad wie Ǧunayd und Šiblī vorkommen, ist jedoch nicht nur für die Qādiriyya konstitutiv. Diese frühen Sufis, die zu einer Zeit lebten, in der die Ordensbildung noch nicht eingesetzt hatte, sind grundlegend für das Sufitum im Allgemeinen und werden entsprechend oft für Filiationen in Anspruch genommen. Ab ʿAbd al-Qādir

---

74 Siehe dazu Meir, Hatina: Religious Culture Contested. The Sufi Ritual of Dawsa in Nineteenth Century Cairo. In: Die Welt des Islams Vol. 47 (2007). S. 33-62.

75 Vgl. den Bericht des Syrian Human Rights Committee (www.shrc.org).

76 Uludağ: Mystical Thought, S. 26.

al-Ǧīlānī (Position 13) ist die *silsila* deutlich als zum Qādiriyya-Orden zugehörig zu identifizieren. Der mittlere und jüngste Teil der *silsila* (siehe unten ab Position 17) lässt sich dem syrischen Zweig der Qādiriyya zuordnen. Es handelt sich um die Scheiche des Qādiriyya-Ordens in Ḥamā. Wie die *silsila* dokumentiert, war dieser Posten erblich.

Einige wenige Persönlichkeiten der *silsila* können trotz erheblicher Recherchebemühungen nicht ausfindig gemacht werden, oder nicht eindeutig zugeordnet werden. Dazu gehören auch die vier jüngsten Glieder (Positionen 34-37). Das Hauptproblem bei der Identifikation sind die Namen, die teilweise in der vorliegenden Sufiurkunde nur unvollständig dokumentiert sind. Oft fehlt die entscheidende *nisba* oder *kunya*, unter dem die betreffende Person bekannt war. So erscheint zum Beispiel kein einziges Mal im Text die *nisba* „al-Ḥamawī". Zudem sind manche Personen unter mehreren Namen bekannt und der in der *silsila* erscheinende Name ist nicht identisch mit dem Namen, unter dem dieselbe Person in den betreffenden bibliografischen oder historischen Werken verzeichnet ist. Position 30 der *silsila*, die in der Urkunde als „Scheich ʿAbd ar-Razzāq" bezeichnet wird, war beispielsweise auch unter dem Namen „Scheich ʿAlī" bekannt. In diesem Fall war eine Identifikation möglich, weil ein Sekundärtext beide Namen angibt, in anderen Fällen jedoch scheitert die Recherche an diesem Problem. Weitere Informationslücken ergeben sich durch die Quellenlage. Nicht alle Zeiträume des Qādiriyya-Konvents in Ḥamā sind durch die Geschichtsschreibung in gleichem Maße dokumentiert. Insbesondere hinsichtlich des Zeitraumes von Mitte des 16. Jahrhunderts bis Mitte des 17. Jahrhunderts ist die Informationsdichte lückenhaft.[77]

Der folgende Abschnitt gibt einen Überblick über alle in der *silsila* genannten Personen sowie (sofern verfügbar) Kurzbiografien oder Lebensdaten. Die Personen sind dem Erscheinen in der *silsila* entsprechend aufgeführt und nummeriert, beginnend vom Ältesten. Die Biografien von ʿAlī ʾIbn ʾAbī Ṭālib und Ḥasan al-Baṣrī werden aufgrund ihrer allgemeinen Bekanntheit nicht erörtert. Die mit den Nummern 34-37 versehenen Positionen am Ende der *silsila* müssen unter Vorbehalt betrachtet werden, denn aus der Urkunde geht ihre tatsächliche Abfolge nicht eindeutig hervor. Sicher ist, dass as-Sayyid Muḥammad die letzte hier dokumentierte Person der *silsila* ist. Unmissverständlich ausgesagt ist auch, dass Scheich Muḥammad Hilāl ʾIbn ʾAbī Bakr die Zulassung des as-Sayyid Muḥammad anordnete (Zeile 10). Trotzdem lassen einige Textstellen, die in der ersten Person verfasst sind, zumindest die Möglichkeit zu, dass der Scheich Muḥammad Hilāl nicht der direkte Vorgänger des as-Sayyid Muḥammad in der *silsila* und derjenige war, der ihm das Flickenkleid verlieh. Besonders deutlich wird dies in den Zeilen

77 Khenchelaoui: La famille Jīlānī, S. 57.

10-15. Es ist hier zunächst die Rede von der Anordnung des Scheichs Muḥammad Hilāl ʾIbn ʾAbī Bakr und dann folgt die Aussage (einer offenbar anderen Person) in der ersten Person, die diese Anweisungen ausführt. Diese Person wird[78] im gesamten Dokument nicht namentlich genannt. Es ist möglich, dass es sich dabei um den Scheich und direkten Vorgänger des as-Sayyid Muḥammad in der *silsila* handelt. Falls diese Person nicht mit dem in der Urkunde erwähnten Scheich Muḥammad Hilāl ʾIbn ʾAbī Bakr identisch ist, wäre sie statt seiner an Position 36 der *silsila* einzuordnen. Ein Faktum, das wiederum *für* die Identität dieser beiden Personen spricht, sind die Zeilen 23-26. Hier sagt die fragliche Person folgendes aus: „Ich habe ihm (dem as-Sayyid Muḥammad) das Flickenkleid übergeben, welches ich wiederum von meinem Vater, dem Scheich ʾAbū Bakr, erhalten habe." Diese Information passt zum Namen des Muḥammad Hilāl, der ja als Sohn des ʾAbū Bakr bezeichnet wird (Zeile 11-12). Hier würde die Existenz einer weiteren Person keinen Sinn ergeben. Ein zusätzliches Argument in diese Richtung ist auch in Zeile 164 zu finden, wo die Rede davon ist, dass „der oben genannte Scheich" dem as-Sayyid Muḥammad eine Erlaubnis erteilt. Dies verweist wiederum auf Muḥammad Hilāl ʾIbn ʾAbī Bakr. Es wird deshalb zunächst trotz der beschriebenen Einwände und Ungereimtheiten zunächst einmal davon ausgegangen, dass er der direkte Meister und Vorgänger des as-Sayyid Muḥammad war.

1 ʿAlī ʾIbn ʾAbī Ṭālib (starb 661)[79]

2 Ḥasan al-Baṣrī (starb 728)[80]

3 Ḥabīb al-ʿAǧamī (starb 737)

ʾAbū Muḥammad ʾIbn Muḥammad Ḥabīb al-ʿAǧamī lebte in Baṣra. ʾAbū Ṭālib al-Makkī berichtet, er sei ein Gefährte Ḥasan al-Baṣrīs gewesen und habe seinetwegen Kontakt zu sufischen Kreisen aufgenommen. Diese Beziehung ist auch in der hier untersuchten *silsila* bezeugt. Es wird überliefert, dass Ḥabīb das Flickenkleid von Ḥasan al-Baṣrī erhielt (Zeile 106). Vor seiner Bekehrung, infolge derer er seinen ganzen Besitz aufgab, war Ḥabīb ein wohlhabender Mann. „Er hatte in guten Verhältnissen gelebt und umfangreiche Handelsgeschäfte betrieben. Er besaß dreißig Sklaven, von denen jeder ein Geschäft führte. Er ließ sie alle frei und teilte seine ganze Habe aus."[81] Ḥabīb gilt als Heiliger und es werden ihm zahlreichen Wundertaten zugeschrieben.

---

78 Falls die hier geäußerte Vermutung zutrifft und es sich um jemand anderen als Muḥammad Hilāl handelt.

79 Vgl. E.I.^{2}, Bd. 1, S. 381b.

80 Vgl. E.I.^{2}, Bd. 3, S. 247b.

81 Al-Makkī, Abū Ṭālib: Die Nahrung der Herzen. Abū Ṭālib al-Makkīs Qūt al-qulūb. Hrsg. u. übers. v. Richard Gramlich. Stuttgart: Steiner 1995. Bd. 2, S. 562.

„Dieser Ḥabīb Abū Muḥammad war einer von den Einfältigen, Arglosen und Sorglosen, es wurden ihm Gebetserhörungen zuteil und er wirkte viele Wunderzeichen.“[82] Er war bekannt dafür, beim Bittgebet keine Schönungen und Reimprosa zu verwenden, sondern lediglich zwei schlicht formulierte Bitten vorzubringen. Ein Altvorderer berichtet:

> Ich bezeuge: Ich sah Ḥabīb al-ʿAǧamī beten. Dabei sagte er nicht mehr als: 'Oh Gott, bestimme uns zwei gute Dinge: Oh, Gott, mach uns nicht zuschanden am Tag der Auferstehung, oh Gott, gib uns Gelingen für das Gute!' Die Menschen weinen über alles Mögliche, doch wir haben die Erhörung und den Segen seines Gebetes erfahren.[83]

4 Dāwūd aṭ-Ṭāʾī (starb 781 oder 782)

ʾAbū Sulaymān Dāwūd ʾIbn Nuṣayr aṭ-Ṭāʾī lebte und starb in Kufa und war ein Schüler des ʾAbū Ḥanīfa. Eine Zeit lang soll er sich auch in Bagdad aufgehalten haben.[84] Dāwūd aṭ-Ṭāʾī ist bekannt als früher Sufi, der ein asketisches Leben führte und der diesseitigen Welt völlig entsagte. So lebte er zurückgezogen und mied den Kontakt mit anderen Menschen.

> Man fragte ihn: Warum sitzt du nicht mit Leuten zusammen? Er erwiderte: Mit wem soll ich zusammensitzen? Wenn ich mit Leuten beisammen bin, die jünger sind als ich, dann befehlen sie mir nicht die Sache der Religion, und wenn ich mit älteren beisammen bin, dann nennen sie mir nicht meine Fehler und schmücken mich in meinen Augen. Warum also sollte ich mit Leuten verkehren?[85]

Seine Zeitgenossen bewunderten Dāwūd aṭ-Ṭāʾī für seine Frömmigkeit und Weisheit und wollten von ihm lernen. Er aber weigerte sich, zu ihnen zu sprechen, denn er hatte sich nach seiner Bekehrung ein Schweigegelübde auferlegt und wollte auch nichts mehr von seinen Studien als *Ḥadīṯ*- und Rechtsgelehrter wissen.[86] Die hier vorliegende *silsila* besagt, dass Dāwūd aṭ-Ṭāʾī das Flickenkleid von Ḥabīb al-ʿAǧamī erhielt. Diese Verbindung ist zeitlich möglich, jedoch nicht sicher bezeugt.[87]

5 Maʿrūf al-Karḫī (starb 815 oder 816)[88]

ʾAbū Maḥfūẓ Maʿrūf ʾIbn Fīrūz al-Karḫī gehörte zu den berühmten Sufis der „Bagdader Schule“. Sein Grab in Bagdad galt als Pilgerstätte, von der heilende

---

82 Ebd. S. 563.

83 Ebd. Bd 1, S. 521.

84 Gramlich, Richard: Alte Vorbilder des Sufitums. Erster Teil. Scheiche des Westens. Wiesbaden: Harrassowitz 1995: S. 283.

85 Ebd. S. 304.

86 Ebd. S. 287.

87 Siehe Massignon, Louis (Hrsg.): Essai sur les origines du lexique technique de la mystique musulmane. Paris: Librairie Orientaliste Paul Guethner 1954. S. 129.

88 Siehe E.I.[2], Bd. 6, S. 613b.

Kräfte ausgehen sollen.[89] Qušayrī berichtet, dass seine Eltern Christen waren, die sich, nachdem ihr Sohn sich zum Islam bekehrt hatte, ebenfalls bekehrten.[90] Dass Maʿrūf ein Schüler Dāwūd aṭ-Ṭāʾīs und wiederum der Meister Sarī as-Saqaṭīs gewesen ist, wie es in der hier untersuchten Handschrift zu lesen ist, wird ebenfalls von Qušayrī, der eine Aussage des Sufimeisters ʾAbū ʿAlī wiedergibt, überliefert. „ʾAbū ʿAlī pflegte zu sagen: Ich habe diesen mystischen Weg von an-Naṣrābādī übernommen, an-Naṣrābādī von aš-Šiblī, aš-Šiblī von al-Ǧunayd, al-Ǧunayd von as-Sarī, as-Sarī von Maʿrūf al-Karḫī, Maʿrūf al-Karḫī von Dāwūd aṭ-Ṭāʾī, und Dāwūd aṭ-Ṭāʾī ist der Nachfolgegeneration begegnet.“[91] Maʿrūf al-Karḫī wurde für seine Gottesfürchtigkeit gelobt und galt als Sufiheiliger (*walī*). Es wird erzählt, er habe die Fähigkeit gehabt, sich nach Mekka zu versetzen.[92]

6 Sarī as-Saqaṭī (starb 865)[93]

ʾAbū al-Ḥasan Sarī ʾIbn Muġallis as-Saqaṭī war ein Schüler des Maʿrūf al-Karḫī und stammt aus dem Bagdader Viertel Karḫ. Als Sohn eines Krämers arbeitete er als Gewürzhändler auf dem Markt. Al-Qušayrī überliefert von ʾAbū al-ʿAbbās ʾIbn Masrūq folgende Begegnung von Sarī und seinem späteren Meister Maʿrūf:

> Ich vernahm, dass as-Sarī as-Saqaṭī auf dem Markt Handel trieb. Er zählte zu den Gefährten Maʿrūf al-Karḫīs. Eines Tages kam Maʿrūf zu ihm. Er hatte einen elternlosen Knaben bei sich. Er sagte: Kleide diesen Waisen! Sarī sagte: ‚Ich kleidete ihn, und Maʿrūf freute sich darüber und sprach: Möge Gott dir das Diesseits verhasst machen und dir von deinen Geschäften Ruhe verschaffen! Da ging ich von meinem Laden weg, und nichts war mir verhasster als das Diesseits. Alles, was mir zuteil geworden ist, verdanke ich den Segnungen Maʿrūfs.'[94]

Nachdem er sich durch Maʿrūf bekehrte und Sufi wurde, wandte sich Sarī völlig von seiner bisherigen Tätigkeit als Händler ab und unternahm diverse Wanderungen, auf denen er anderen Sufis begegnete und die ihn bis nach Syrien führten. Gegen Ende seines Lebens kehrte er nach Bagdad zurück.[95]

Sarī war für seine Frömmigkeit und seinen Eifer bekannt. In seinen Predigten, die viele Menschen anzogen, betonte er die Wichtigkeit von Geduld, Bescheidenheit und Gottvertrauen.[96]

---

89 Ebd.
90 Qušayrī: Das Sendschreiben. Übers. Gramlich, S. 39.
91 Ebd. S. 408.
92 Ebd. S. 505.
93 Vgl. E.I.^{2}, Bd. 9, S. 56b.
94 Qušayrī: Das Sendschreiben. Übers. Gramlich, S.41.
95 Vgl. Knysh: Islamic mysticism, S. 50f.
96 Ebd. S. 51.

7 ʾAbū al-Qāsim Ǧunayd al-Baġdādī (starb 910)[97]

Ǧunayd al-Baġdādī kam wie sein Onkel Sarī as-Saqaṭī aus einer Bagdader Händlerfamilie und lebte selbst vom Seidenhandel. Unter der Leitung seines Onkels wandte er sich dem Sufitum zu. Bis heute zählt Ǧunayd al-Baġdādī zu den berühmtesten Sufis. Er gilt als Vertreter eines „nüchternen" Sufitums. Seine Lehre fand viele Anhänger, sodass sich sein Gedankengut rasch unter den Sufis verbreitete.[98] Als Ursache für das Eintreten Ǧunayds für ein gemäßigtes und nüchternes Sufileben wird gemeinhin seine tiefe Verwurzelung in der islamischen Orthodoxie angesehen. Er studierte in Bagdad islamisches Recht und *ḥadīṯ* unter den bekannten Gelehrten ʾAbū ʿUbayd, ʾAbū Ṯawr, al-Muḥāsibī und Sarī ʾIbn Muġallas. Das erworbene Wissen bildete für ihn die Grundlage für jegliche mystische Erfahrung. „Whoever has not learned the Qurʾān by heart and has not formally studied ḥadīṯ, and has not learned law before embarking on ṣūfism, is a man who has no right to lead."[99]

Ǧunayd vertritt ein Sufitum, das gegenüber dem Diesseits und der Gesellschaft positiv eingestellt ist. Allerdings stellt es für den Sufi, der die Nüchternheit praktiziert, immer wieder eine Herausforderung dar, zwischen dem weltlichen und göttlichen Bereich zu stehen.

Die Anerkennung, die Ǧunayd und seiner Lehre entgegengebracht wurde, wird in den Ehrentiteln deutlich, die ihm seine Zeitgenossen gaben. So wird Ǧunayd als „Meister der Meister", „Herr der Sufigruppe" und „Hahn der Armen" bezeichnet. Auch in der vorliegenden Handschrift erscheinen mehrere dieser Ehrentitel (Zeile 99).

8 ʾAbū Bakr Dulaf aš-Šiblī (861-946)[100]

Aš-Šiblī gehört zu den berühmtesten Bagdader Sufis. Um seine Gestalt ranken sich eine Vielzahl von Wundergeschichten und Anekdoten, die es erschweren, den historischen Kern seiner Biografie zu erschließen. Geboren wurde er entweder in Samarra oder Bagdad, sein Grab findet sich, von einer weißen Kuppel überwölbt, auf dem Ḫayzurānfriedhof in Bagdad.[101] Aš-Šiblī war wie sein Vater Kämmerer beim abbasidischen Prinzen al-Muwaffaq.[102] Er besaß eine gute Stellung, Ansehen, Bildung und war Berichten zufolge verhältnismäßig reich. Nach einem Bekehrungserlebnis, das auf einem Zusammentreffen mit dem aus Samarra stammenden Sufimeister Ḫayr an-Nassāǧ

97 Vgl. E.I.^{2}, Bd. 2, S. 600a.
98 Siehe Hujwīrī: Kashf al-Maḥjūb. Übers. Nicholson, Kapitel 14.
99 Abdel-Kader, Ali Hassan: The Life, Personality and Writings of al-Junayd. London: Luzac 1962. S. 3.
100 Vgl. E.I.^{2}, Bd. 9, S. 432a.
101 Gramlich: Alte Vorbilder I, S. 516.
102 Ebd. S. 514.

(starb 934) beruht, entsagte er jedoch dem Leben in Wohlstand und schloss sich den Bagdader Sufis an.

> Als historisch gesichert darf wohl gelten, dass Šiblī vermögend war und eine hohe Beamtenstelle innehatte, dass Ḫayr an-Nassāǧ Anlass zu seiner Bekehrung war und dass sich diese nicht in einer langsamen inneren Entwicklung vollzog, sondern plötzlich oder doch in kurzer Zeit. Offen bleibt die Frage, ob der Verlust seines Amtes ihn zur Besinnung brachte und den Sufis zuführte oder das Wort Ḫayrs ihn bewog, sein Amt niederzulegen.[103]

In der hier untersuchten *silsila* wird der berühmte ʾAbū al-Qāsim Ǧunayd al-Baġdādī als sein Meister und als derjenige, der ihm das Flickenkleid gab, genannt. Die Schüler aš-Šiblīs sind zahlreich. In der hier vorliegenden Urkunde wird ʾAbū al-Fadl ʿAbd ar-Raḥmān ʾIbn ʿAbd al-ʿAzīz at-Taymī genannt.

9 ʾAbū al-Fadl ʿAbd ar-Raḥmān ʾIbn ʿAbd al-ʿAzīz at-Taymī

10 ʾAbū al-Faraǧ aṭ-Ṭarsūsī

11 ʾAbū al-Ḥasan Muḥammad ʾIbn Yūsuf al-Qurayšī al-Hakkārī (1018-1093)

Aller Wahrscheinlichkeit nach handelt es sich um ʾAbū al-Ḥasan ʿAlī ʾIbn ʾAḥmad ʾIbn Yūsuf ʾIbn Ǧaʿfar ʾIbn ʾArafa al-Hakkarī. Er ist als Šayh al-ʾIslām al-Hakkarī bekannt. Die *nisba* weist auf seine Abstammung vom kurdischen Stamm Hakkār aus der Gegend um Mosul hin. Al-Hakkarī war ein frommer und gebildeter Mann, der viele Reisen unternahm, auf denen er Scheichs und andere Persönlichkeiten aufsuchte. Unter anderem soll er Kontakt zu dem berühmten Dichter ʾAbū al-ʿAlāʾ al-Maʿarrī (973-1057) gehabt haben.[104]

12 ʾAbū Saʿīd ʾIbn al-Mubārak ʾIbn ʿAlī al-Maḫzūmī al-Baġdādī

13 ʿAbd al-Qādir al-Ǧīlānī (1077-1166)[105]

Der legendäre Ordensgründer und islamische Heilige al-Ǧīlānī gehört zu den prominentesten der in der vorliegenden Sufiurkunde erwähnten Persönlichkeiten. Über das Leben ʿAbd al-Qādirs finden sich zahlreiche Berichte. Er spielt als Ordenspatron und Heiliger in der Qādiriyya und darüber hinaus eine herausragende Rolle. So vielfältig die Zeugnisse über seine Person auch sind, umso genauer muss zwischen Informationen, die seine historische Persönlichkeit dokumentieren und solchen zu seiner legendären Persönlichkeit unterschieden werden. Meist sind jedoch Informationen beider Art vermischt, sodass es schwer ist, eine genaue Trennung vorzunehmen. Festzustel-

[103] Ebd. S. 520.

[104] ʾIbn Ḫallikān, ʾAḥmad ʾIbn Muḥammad: Ibn Ḫallikān's Biographical Dictionary. Übers. v. William Mac Guckin de Slane. Paris: Duprat 1842. Bd. 2, S. 286.

[105] Vgl. E.I.², Bd. 1, S. 69a.

len ist, dass jüngere Quellen mehr legendenhafte Anekdoten und Ausschmückungen enthalten, während die wenigen zeitgenössischen Quellen ein deutlich davon zu unterscheidendes, wesentlich nüchterneres Portrait von ihm zeichnen.[106] Einige gesicherte Aussagen lassen sich über sein Leben treffen: Er lebte von 1077-1166 und war persischer Abstammung. Das legen sein Vatername (Ǧankīdost) und seine *nisba* (al-Ǧīlānī) nahe. Ebenfalls sicher ist, dass er als junger Mann nach Bagdad kam, um an der *madrasa* des hanbalitischen Gelehrten al-Muḫarrimī zu studieren. Etwa fünfzigjährig wurde er durch seine Predigten bekannt, die größere Menschenmengen anzogen. Außerdem verfasste er mehrere religiöse Schriften.[107] Nach dem Tod al-Muḫarrimīs übernahm al-Ǧīlānī die Leitung der *madrasa*.

Von zeitgenössischen Autoren wird al-Ǧīlānī lediglich als hanbalitischer Gelehrter und frommer Mann bezeichnet.[108] Hinweise auf eine Laufbahn als Mystiker oder Ordensgründer fehlen. Hier handelt es sich, wie auch bei der Verklärung seiner Person als sagenhafter Wundertäter und Heiliger, um posthume Zuschreibungen, die an seiner Beliebtheit als Prediger anknüpfen konnten und bei der Bevölkerung Anklang fanden. Vorstellbar ist auch eine bewusste Verbreitung von Geschichten über die Wunderkraft ʿAbd al-Qādirs, von der geglaubt wurde, dass sie über seinen Tod hinaus an seiner Grabstatt erfahrbar sei, zu Propagandazwecken der Qādiriyya. Es ist deshalb zutreffender, ʿAbd al-Qādir als Ordenspatron statt als Ordensgründer zu bezeichnen. Was die Berichte über sein Leben als Sufi betrifft, so wird behauptet, ʿAbd al-Qādir habe eine *ḫirqā* von seinem hanbalitischen Lehrmeister al-Muḫarrimī erhalten und habe außerdem Kontakt zum Sufimeister ʿAbū al-Ḫayr ad-Dabbās gehabt. Die *silsila* der hier untersuchten Urkunde dagegen erwähnt weder den einen noch den anderen Namen. Hier findet sich die Information, ʿAbd al-Qādir habe die *ḫirqa* von ʾAbū Saʿīd ʾIbn al-Mubārak ʿAlī al-Maḫzūmī erhalten (Zeile 90). Gleichzeitig wird berichtet, dass die beiden sich gegenseitig das Flickenkleid übergeben hätten, um jeweils am Segen (*baraka*) des anderen teilhaben zu können (Zeile 92ff). Der am Ende der Urkunde angefügte Stammbaum ʿAbd al-Qādirs führt dessen Herkunft auf ʿAlī ʾIbn ʾAbī Ṭālib zurück (Zeile 178). Diese Verbindung muss jedoch als fiktiv betrachtet werden, da ʿAbd al-Qādir aus einer erst spät zum Islam konvertierten persischen Familie stammt.[109] Die hier vorliegende Abstammungslinie drückt den Wunsch aus, den Ordenspatron mit der Verwandtschaft der Prophetenfamilie zu adeln und Legitimität und Attraktivität für den Orden

[106] Siehe dazu Chabbi, Jaqueline: ʿAbd al-Qādir al-Ǧīlānī. Personnage historique. In: Studia Islamica Vol. 38 (1973). S. 76f.

[107] Siehe GAL, SI, S. 777.

[108] Chabbi: ʿAbd al-Qādir al-Ǧīlānī, S. 83.

[109] Ebd. S. 86.

aus der Verbindung zur islamischen Frühzeit zu schöpfen. Die meisten in der *silsila* erscheinenden Personen werden explizit als *sayyid*, *šarīf* oder als von Ḥasan und Ḥusayn abstammend bezeichnet. Der Prophetenadel der Familie Ǧīlānī ist allgemein anerkannt und ihre Angehörigen genossen über die Jahrhunderte ein hohes Ansehen.

14 Ǧamāl ad-Dīn ʾAbū Bakr ʿAbd ar-Razzāq (1134-1207)

Der als Scheich Imam al-Ḥāfiẓ Tāǧ ad-Dīn ʾAbū Bakr ʿAbd ar-Razzāq bekannte Sohn des ʿAbd al-Qādir al-Ǧīlānī lebte in Bagdad. ʿAbd ar-Razzāq war ein angesehener Sufi, der viele Schüler hatte. Außerdem war er ein hanbalitischer Rechts- und Traditionsgelehrter, dessen Meinung von Zeitgenossen eingeholt und geschätzt wurde. Nach dem Tod seines Vaters führte er dessen Lebenswerk fort.[110] Mehrere Sufilinien der Qādiriyya-Razzāqiyya berufen sich auf ihn.

15 ʿImād ad-Dīn ʾAbū Ṣāliḥ Naṣr (1168-1235)

ʿImād ad-Dīn ʾAbū Ṣāliḥ Naṣr war ein Sohn des ʿAbd ar-Razzāq. Als Rechts- und Traditionsgelehrter war er unter dem Kalifen az-Zāhir (reg. 1225-1226) oberster Richter in Bagdad. Außerdem führte er die hanbalitische *madrasa* in Bagdad, in der schon sein Großvater ʿAbd al-Qādir lehrte.[111]

16 Šihāb ad-Dīn ʾAḥmad (starb 1282)

Šihāb ad-Dīn ʾAḥmad war auch als Zāhir ad-Dīn ʾAḥmad bekannt. Er folgte seinem Vater ʿImād ad-Dīn als Leiter des Qādiriyya-Ordens in Bagdad nach.[112]

17 Šaraf ad-Dīn Yaḥyā (starb 1333)

Šaraf ad-Dīn Yaḥyā war auch unter dem Namen „*Sayf Allāh*" (Schwert Gottes) bekannt. Er war ein direkter Nachkomme ʿAbd al-Qādir al-Ǧīlānīs (Ur-Urenkel) und gründete den Konvent des Qādiriyya-Ordens in Ḥamā, eine der ersten Niederlassungen dieses Ordens außerhalb des Iraks.[113]

18 Šams ad-Dīn Muḥammad (starb 1378)

Der Sufischeich und islamische Gelehrte Šams ad-Dīn Muḥammad war ein Sohn des Šaraf ad-Dīn Yaḥyā. Seine Ausbildung erhielt er in Jerusalem. Als Nachfolger seines Vaters war Šams ad-Dīn Muḥammad Ordensscheich der Qādiriyya in Ḥamā.[114]

---

[110] Siehe Demeerseman, André: Nouveau regard sur la voie spirituelle d'ʿAbd al-Qādir al-Jīlānī et sa tradition. Paris: Librairie Philosophique J.Vrin 1988. S. 64.

[111] Khenchelaoui: La famille Jīlānī, S. 55.

[112] Ebd. S. 56.

[113] Ebd. S. 55.

[114] Ebd. S. 56.

19 ʿAlāʾ ad-Dīn ʿAlī (starb 1391)

ʿAlāʾ ad-Dīn ʿAlī war ein Sohn des Šams ad-Dīn Muḥammad und dessen Nachfolger im Qādiriyya-Orden in Ḥamā. Der gelehrte Sufi und Verfasser eines Korankommentars verstarb Berichten zufolge in Kairo.[115]

20 Badr ad-Dīn Ḥasan (?)

Wahrscheinlich handelt es sich um den auch als Nūr ad-Dīn Ḥusayn, Badr ad-Dīn Ḥusayn oder Ḥusayn al-Ḥamawī bekannten Sohn des ʿAlāʾ ad-Dīn ʿAlī. Badr ad-Dīn folgte seinem Vater als Ordensscheich des Qādiriyya-Ordens in Ḥamā.[116]

21 Šihāb ad-Dīn ʾAbū al-ʿAbbās ʾAḥmad

22 Zaīn ad-Dīn ʿAbd al-Bāsiṭ

23 Šayḫ Qāsim (starb 1510)

Šaraf ad-Dīn Qāsim war Ordensscheich der Qādiriyya in Ḥama.[117]

24 Šihāb ad-Dīn ʾAḥmad (starb 1530)

Šihāb ad-Dīn war Sohn und Nachfolger des Šaraf ad-Dīn Qāsim in Ḥamā.[118]

25 Šams ad-Dīn ʾAbū al-Wafāʾ

26 Ǧamāl ad-Dīn ʿAbdullāh

27 Šihāb ad-Dīn ʾAḥmad (?)

Šihāb ad-Dīn ʾAḥmad war Ordensscheich der Qādiriyya in Ḥamā am Anfang des 17. Jahrhunderts.[119]

28 Ǧalāl ad-Dīn

29 Šaraf ad-Dīn (?)

Šaraf ad-Dīn war Ordensscheich der Qādiriyya in Ḥamā von etwa Mitte des 17. Jahrhunderts bis 1671. Er trug den in der hier untersuchten *silsila* nicht erscheinenden Ehrentitel *naqīb al-ašrāf*.[120]

---

115 Ebd. S. 56.
116 Ebd.
117 Ebd.
118 Ebd. S. 57.
119 Ebd.
120 Ebd.

30 ʿAbd ar-Razzāq (1630-1701)

ʿAbd ar-Razzāq al-Ǧīlānī, auch bekannt unter dem Namen „Scheich ʿAlī", trat 1671 die Nachfolge seines Vaters Šaraf ad-Dīn als Ordensscheich der Qādiriyya in Ḥamā an. Er war Träger des Ehrentitels *naqīb al-ašrāf.*[121]

31 ʾIbrāhīm (starb Ende des 17. Jahrhunderts)

Mit hoher Wahrscheinlichkeit handelt es sich bei dem in der hier untersuchten *silsila* erwähnten Scheich ʾIbrāhīm um den als Erbauer einer Moschee in Ḥamā bekannten ʾIbrāhīm, Sohn des Šaraf ad-Dīn. Scheich ʾIbrāhīm wird in der hier untersuchten Handschrift als Bruder des ʿAbd ar-Razzāq bezeichnet (Zeile 40). Bei James Reilley, der die Familie Ǧīlānī in Ḥamā als ‚Kaylanis' bezeichnet, finden sich folgende Informationen zu seiner Person:

> [...] the first Kaylani to leave a demonstrable imprint on Hama, Ibrahim, lived in the seventeenth century. He built a mosque on the right bank of the Orontes just downstream from a sharp, nearly right angle bend in the river. Luxurious residences belonging to the Kaylani family were built nearby, and this section of al-Hadir became the locus of the Kaylani family's presence in Hama.[122]

Einen weiteren Hinweis gibt der bekannte osmanische Reisende Evliyā Celebī. Er berichtet über ein *qaṣr al-Ǧīlānī* in Ḥamā, dessen Besitzer Scheich ʾIbrāhīm gewesen sein soll.[123]

32 ʿAlī ʾIbn aš-Šayḫ Yaḥyā ʾIbn as-Sayyid aš-Šarīf aš-Šayḫ ʾAḥmad al-Kīlānī (starb 1702)

ʿAlī ʾIbn Yaḥyā ʾIbn ʾAḥmad al-Kīlānī[124] al-Qādirī al-Ḥamawī war ein sufischer Gelehrter und Cousin von Nr. 31. Er lebte und starb in Ḥamā (Syrien), wo er Scheich des Qādiriyya-Konvents war.[125]

33 Muṣṭafā al-Laṭīfī (starb 1711)

Muṣṭafā ʾIbn Ḥusayn al-Laṭīfī al-Ḥamawī war ein sufischer Reisender, der zahlreiche Länder besuchte und ist Berichten zufolge in Aleppo gestorben. Seine Reiseerlebnisse und Begegnungen mit Gelehrten und Sufis dokumentierte er in einem Buch mit dem Titel „*Siyāḥatu al-buldān*".[126] Muṣṭafā al-Laṭīfī stammt seiner *nisba* zufolge aus Ḥamā. Die hier untersuchte Handschrift dokumentiert, dass ʿAlī ʾIbn Yaḥyā ʾIbn ʾAḥmad al-Kīlānī al-Qādirī al-Ḥamawī sein Meister war und dass er das Flickenkleid von ihm erhielt.

---

121 Ebd. S. 58.
122 Reilley: A small town in Syria, S. 27.
123 Vgl. Khenchelaoui: La famille Jīlānī, S. 65.
124 Oder Kaylānī
125 Vgl. Ziriklī: Al-Aʿlām. Bd. 5, S. 32.
126 Vgl. ebd. Bd. 7, S. 232.

34 Muḥammad Hilāl

35 ʾAbū Bakr

36 Muḥammad Hilāl ʾIbn ʾAbī Bakr

37 As-Sayyid Muḥammad ʾIbn as-Sayyid ʿAbdallāh

2.9 Fazit

Die Untersuchung der Handschrift ergab, dass das Dokument aller Wahrscheinlichkeit nach aus dem Qādiriyya-Orden in Ḥamā, einer am Orontes (*nahr al-ʿāṣī*) gelegenen Stadt in Zentralsyrien stammt. Ein Teil der *silsila* (betrifft den Zeitraum 14.-17. Jahrhundert) dokumentiert die hereditär geregelte Abfolge der Qādiriyya-Scheichs in Ḥamā. Was den jüngsten und damit für die Bestimmung der Provenienz entscheidenden Teil der silsila betrifft, so können mindestens drei Personen aus diesem Teil der *silsila* mit Sicherheit dem Konvent in Ḥamā zugeordnet werden. Anzumerken bleibt, dass die Personen, welche die Urkunde direkt betrifft (d.h. der seine Nachfolge bzw. Stellvertreterschaft regelnde Scheich sowie der neu ernannte Scheich und Inhaber der Urkunde as-Sayyid Muḥammad) nicht genauer identifiziert werden konnten. Deshalb muss die Provenienz korrekterweise als *wahrscheinliche* Provenienz deklariert werden.

Die auffälligsten formalen Eigenschaften des Dokumentes sind die weitestgehend sehr gut lesbare Handschrift, die Verwendung von zwei verschieden Tinten im Fließtext, sowie gelegentliche hervorgehobene kalligrafische Elemente. Die materielle Untersuchung der Handschrift ergab, dass der untere Teil der im Ganzen gut erhaltenen Urkunde wiederverwertet wurde, während der obere Teil der Schriftrolle neu erstellt wurde. Für eine weiterführende Untersuchung bieten sich unter anderem eine eingehende Analyse der in der Urkunde erwähnten sufischen Ehrentitel und Hierarchien, eine Untersuchung der Nachfolgepraxis und der dazugehörigen Rituale innerhalb des Qādiriyya-Ordens oder auch eine Vergleichsstudie der vorliegenden Urkunde mit ähnlichen sufischen Dokumenten an.

3 Edition der Sufiurkunde

3.1 Vorbemerkungen zur Edition

Der edierte Text wird möglichst originalgetreu wiedergegeben. Die Anordnung der Zeilen wird übernommen. Betreffs der Rechtschreibung wurden einige Änderungen vorgenommen. Dies betrifft vor allem die Setzung von *hamza*, dessen Schreibung an die heute üblichen Regeln angeglichen wurde, sowie die Unterscheidung von *ʾalif maqṣūra* und *yāʾ* sowie von *tāʾ marbūṭa* und *hāʾ* durch entsprechende Punktierung. In der Handschrift erscheint mehrfach der Name al-Ǧīlānī, der auch teilweise mit *kāf*, d.h. al-Kīlānī geschrieben wird. Derartige Schwankungen werden ausgeglichen und der Name, sofern es sich um den Ordenspatron der Qādiriyya handelt, als al-Ǧīlānī wiedergegeben. Diese Änderungen erfolgen kommentarlos und werden jeweils nicht extra vermerkt. Andere Veränderungen oder Verbesserungen werden anhand von Fußnoten erläutert. Die unregelmäßige Teilvokalisierung des Originaltextes wird in der Edition nicht übernommen.

3.2 Edition

بسم الله الرحمن الرحيم وبه نستعين

الحمد لله وكفى وسلام على عباده الذين اصطفى وشرفهم بوفاء العهود والمواثيق[1] وجعلهم من الحنفاء والائمة الخلفاء واقامهم في ارضه داعين الى قدسه على نهج الكتاب والسنه مشايخ ربانيين وعلماء مرشدين وحكماء قامعين للبدعة مظهرين وناصرين للكتاب العزيز وسنة جدهم سيد المرسلين والصلاة والسلام على سيدنا محمد نبيه وعبده ورسوله جاءنا بالهدى ودين الحق ليظهره على الدين كله وجعله شفيعاً لمن اتبع اثره واقتفى من بعده وبعد فيقول الاذن في كتابة هذه الاجازة الشريفة القادرية المنسوبة الي ما فيه صحيح من لباس الخرقة الشريفة القادرية والجلوس على سجادة اهل الصفاء باذن اهل الوفاء قال ذلك

1 In der Handschrift: مواثيق

بفمه وامر برقمه الشيخ خويدم نعال الفقراء الفقير الفاني الشيخ محمد هلال ابن شيخ الوقت الاستاذ الاعظم الشيخ ابو بكر ادام الله تعالى مدده ونفعنا ببركاته وخلواته وجلواته واستمداداته في الدنيا والاخرة باني قد اذنت اخلف السيد محمد بن السيد عبد الله فجمعت الاخوان واخبرتهم بذلك فاجابوا كلهم الى ذلك فاستخرت الله كثيراً واتخذته هادياً ونصيراً فاقمته خليفة[2] وشيخاً على سائر الفقراء السادة القادرية والمشايخ الصوفية واجزت[3] له ان يجيز ذلك لمن يستحق في طريقة شيخنا الامام العالم العلامة سلطان الاولياء القايل باذن الله تعالى قدمي هذا على رقبة كل ولي لله تعالى القطب الرباني والغوث الصمداني وا لفرد الرحماني والكاس النوراني الجامع للمعانى ابو صالح الشيخ عبد القادر الجيلاني الحسني الحسيني الحنبلي قدس الله سره العزيز وروحه ونور ضريحه وجعل من الرحيق المحتوم عبوقه وصير ابواب الجنان لديه مفتوحة ورضي عنه وعنا به واعاد علينا وعلى كافة المسلمين من بركاته وألبسته الخرقة الشريفة المباركة القادرية التي لبستها من والدي وشيخي واستاذي ووسيلتي الى الله تعالى المحبوب لله والمجذوب في الله شرب من خمر اهل الصفاء حتى امتلأ منها وصفا فلذلك نودي بالخمار[4] فهو خمار ديرها الشيخ ابو بكر وقال اني لبستها من شيخي واستاذي ووسيلتي الى الله تعالى الشيخ الامام والعلام الحبر الهمام العالم العامل الصالح الزاهد العابد الناسك مربى المريدين بقية السلف الصالح قدوة السالكين منهل الواردين مقصد الصالحين منهاج[5] العابدين والعارفين كهف الفقراء والمساكين قامع المبتدعين شيخ شيوخ [6]زمانه الشيخ محمد هلال ادام الله تعالى مدده ونفعنا ببركاته وخلواته وهو لبسها من شيخه واستاذه وقدوته وبركته

2 In der Handschrift: خلفية
3 In der Handschrift: احزت
4 In der Handschrift: بالحمار
5 In der Handschrift: مناج
6 In der Handschrift: شوخ

الشيخ مصطفى اللطيفي اعاد الله علينا وعلى المسلمين من بركاته وخلواته وجلواته وهو لبسها من شيخه الشيخ علي بن الشيخ يحيى بن السيد الشريف الشيخ احمد[7] وعلي ابن السيد الشريف السيد علي بن السيد الشريف القطب الرباني سيد محيي الدين عبد القادر الجيلاني اعاد الله تعالى علينا وعلى المسلمين من بركاته وخلواته جلواته واستمداداته في الدنيا والاخرة واحشرنا في زمرة تحت لواء سيد المرسلين صلى الله عليه وسلم تسليماً امين تحرير في رجب الفرد لسنة اربع وثمانين ومائة والف من الهجرة النبوية [8]ولبسها الشيخ علي من شيخه واستاذه وقدوته وبركته وابن عمه الشيخ ابراهيم ولبسها الشيخ ابراهيم من يد اخيه وشقيقه عبد الرزاق ولبسها الشيخ عبد الرزاق من يد والده وقدوته الى الله تعالى شرف الدين ولبسها الشيخ شرف الدين من عمه وبركته وقدوته الشيخ جلال الدين ولبسها الشيخ جلال الدين من يد عمه وشيخه وبركته وقدوته الشيخ الامام العالم العامل الصالح الزاهد العابد الناسك مربى المريدين بقية السلف الصالحين قدوة السالكين منهل الواردين مقصد الصالحين منهاج العابدين والعارفين كهف الفقراء والمساكين قامع المبتدعين ناصرسنة جده سيد المرسلين السيد الشريف الحسيب النسيب الاصيل العريق الموتمن المرتضى شيخ شيوخ زمانه الذي كان فيه من غير مدافع ولا منازع نجل الاولياء والصالحين سلالة الاقطاب الميامين الشيخ طاهر المطهر والعالم الزاهر الذي اذا انتسب قال جده عبد القادر شهاب الدين احمد ولبسها الشيخ شهاب الدين احمد من يد اخيه وشقيقه وشيخه وبركته وقدوته الى الله تعالى السيد الشريف والعنصر اللطيف الحسيب النسيب الاصيل العريق العارف بالله تعالى الشيخ جمال الدين عبد الله ولبسها الشيخ جمال الدين عبد الله من يد

7 An dieser Stelle wurden in der Handschrift die Worte *al-Kīlānī aʿada llāhu taʿālā ʿalaynā* durchgestrichen und deshalb in der Edition weggelassen.

8 In der Handschrift: النبوة

شيخه وعمه الشيخ الامام العالم العامل العارف بالله تعالى الشيخ شمس الدين ابى الوفاء من يد شيخه واخيه وقدوته وبركته الشيخ شهاب الدين احمد ولبسها الشيخ شهاب الدين احمد من يد والده وشيخه وقدوته الى الله الشيخ قاسم ولبسها الشيخ قاسم من يد شيخه وبركته وقدوته الى الله تعالى الشيخ العارف بالله تعالى زين الدين بقية السلف الصالحين والاتقياء الفالحين الشيخ عبد الباسط ولبسها الشيخ عبد الباسط من يد والده وشيخه و بركته وقدوته الى الله تعالى الشيخ شهاب الدين ابو العباس احمد ولبسها الشيخ شهاب الدين ابو العباس احمد من يد والده وشيخه وبركته وقدوته الى الله تعالى الشيخ بدر الدين حسن ولبسها الشيخ بدر الدين حسن من يد والده وشيخه وبركته وقدوته الى الله تعالى الشيخ علاء الدين علي ولبسها الشيخ علاء الدين علي من يد والده وشيخه وبركته وقدوته الى الله تعالى الشيخ شمس الدين محمد ولبسها الشيخ شمس الدين محمد من يد والده وشيخه وبركته وقدوته الى الله تعالى الشيخ شرف الدين يحيى ولبسها العبد الفقير الى الله شرف الدين يحيى من يد والده وشيخه وقدوته الى الله تعالى الشيج شهاب الدين احمد ولبسها الشيخ شهاب الدين احمد من يد والده وشيخه وبركته وقدوته الى الله تعالى قاضي القضاة عماد الدين ابو صالح نصر ولبسها الفقير الى الله تعالى قاضي القضاة عماد الدين ابو صالح نصر من يد والده وشيخه وبركته قدوته الى الله تعالى الشيخ صالح الزاهد الورع العالم العلامة العامل المحقق المدقق المسلك السيد الشريف الحسيب النسيب سلالة الاولياء علم الاصفياء تاج الملة والدين الحافظ جمال العراق[9] ابي بكرعبد الرزاق ولبسها الشيخ ابو[10] بكرعبد الرزاق من يد والده وشيخه وبركته وقدوته

[9] In der Handschrift: *Ǧamāl ad-Dīn al-ʿIrāq*, wobei *ad-Dīn* durchgestrichen und deshalb hier nicht wiedergegeben ist.

الى الله تعالى وامامه وهاديه ومرشده ومسلكه سيدنا وشيخنا وقدوتنا الى الله تعالى الشيخ الامام علم الاسلام وركن الشريعة وعلم الحقيقة حجة الحق على الخلق نائب رسول الله صلى الله عليه وسلم ووارثه في الارض خلاصة العناصر حامل راية المعالي والمفاخر الذي خضعت لقدمه رقاب الاولياء والاكابر وتواترت كراماته او قريب من التواتر خرجت عن حصر الحاصر قطب الاقطاب عين الانجاب بدل الابدال فرد الافراد وتد الاوتاد اسد الرجال استاذ الوجود ومعدن الفضل والكرم والجود علامة الزمان شيخ مشايخ الانس والملائكة والجان جامع فضائل الامتنان قطب دائرة الاولياء ومالك ازمة الاصفياء وريث الصديقين القطب الرباني والغوث الصمداني والفرد الرحماني ذو الكاس النوراني الجامع للمعاني محيي السنة والدين ابي محمد عبد القادر الجيلاني اعاد الله علينا وعلى المسلمين من بركاته ولبسها الشيخ ابو محمد عبد القادر القطب الغوث سلطان العارفين من يد الشيخ الزاهد العابد قاضي القضاة ابي سعيد بن المبارك بن علي المخزومي البغدادي ولبسها ابو سعيد منه قال الشيخ العارف بالله تعالى شيخ الاسلام محيي الدين عبد القادر الجيلاني اعاد الله علينا من بركاته جاءني ابو سعيد المخزومي وقال لابد ان تلبس مني خرقة والبس منك خرقة ليتبارك كل منا بالاخر فلبست منه خرقة ولبس مني خرقة وشيخهما في الخرقة شيخ الاسلام ابو الحسن محمد بن يوسف القرشي الهكاري رضي الله عنهم ولبسها ابو الحسن من يد شيخه ابو الفرج الطرسوسي ولبسها ابو الفرج من يد شيخه ابي الفضل عبد الرحمن بن عبد العزيز التيمي رضي الله عنه ولبسها ابو الفضل عبد الرحمن بن عبد العزيز التيمي رضي الله عنه من يد شيخه الكبير العارف بالله تعالى ابي بكر دلف الشبلي رضي الله عنه ولبسها الشيخ ابو بكر الشبلي من يد سيد الطائفة وامامهم قطب العلوم وتاج العارفين

10 In der Handschrift: ابي

ابي القاسم الجنيد البغدادي رضي الله عنه ولبسها ابو القاسم الجنيد من يد شيخه صاحب الطريقة والحقيقة سري السقطي ولبسها سري السقطي من يد شيخه وقدوته الورع ذى العلوم والاداب واللطائف والحقائق الشيخ معروف الكرخي رضي الله تعالى عنه ولبسها الشيخ معروف الكرخي من يد شيخه وبركته وقدوته داود الطائي الحنفي رضي الله تعالى عنه ولبسها الشيخ داود الطائي الحنفي من يد الولي الشهير الحبر الكبير العالم النحريرحبيب العجمي رضي الله تعالى عنه ولبسها حبيب العجمي من الامام الجليل السيد النبيل ذي المجد الاصيل[11] سيد التابعين الشيخ حسن البصري رضي الله تعالى عنه ولبسها الشيخ حسن البصري من سيدنا الامام الحبر الهمام الفارس الضرغام اسد الاسلام زوج البتول وابن عم الرسول سيف الله المسلول باب مدينة العلم معدن الجود والكرم والحلم مفرق الكتائب ومظهر العجائب ليث بني غالب الامام امير المؤمنين ابي الحسين علي بن ابى طالب رضي الله عنه وكرم وجهه والامام علي اخذ العلم والآداب وتأدب بابن عمه سيد المرسلين وخاتم النبيين وسلطان المقربين ورسول رب العالمين وقائد الغر المحجلين وصفوة الخلائق اجمعين بحر الحقائق وملاذ الخلائق الذي ما في الوجود مقرب الا به النبي العربي المصطفى المنتخب المنتقى اشرف الخلق وحبيب الحق سيدنا محمد ابن عبد الله بن عبد المطلب بن هاشم بن عبد مناف معدن الجود والكرم والعفاف صلوات الله وتحياته وسلامه وبركاته عليه وعلى آله واصحابه وازواجه وذريته امهات المؤمنين وذريته وعترته الطيبين الطاهرين رضوان الله عليهم اجمعين وعن التابعين وتابع التابعين لهم باحسان الى يوم الدين امين يا رب العالمين ويا ارحم الراحمين والنبي صلى الله تعالى عليه وسلم تادب بامين

11 In der Handschrift: الاسيل

الوحي جبريل واخذ عنه عليهما الصلاة والسلام وجبريل اخذ عن اسرافيل وتادب به عليهما الصلاة والسلام واسرفيل[12] اخذ وتأدب عن رب العالمين رب العزة واله الخلائق الذي ليس كمثله شيء وهو السميع البصير جل جلاله ولا رب سواه وايضاً النبي صلى الله عليه وسلم قال ادبني ربي فاحسن ادبي وقال صلى الله عليه وسلم فقراء امتي تدخل الجنة قبل الاغنياء بنصف يوم وقدره خمسمائة عام وقال صلى الله عليه وسلم كل شيء رآني فاتبعني إلا الفقر رأيته واتبعته وقال صلى الله عليه وسلم الفقر فخري وبه افتخر وقال صلى الله عليه وسلم اللهم احيني مسكيناً وامتني مسكيناً واحشرني في زمرة المساكين وقال صلى الله عليه وسلم اشعث اغبر مدفوع بالابواب لا يعبأ به لو اقسم على الله لأبره والاحاديث في شرف الفقركثيرةً جداً و في بعضها مقنع وكفاية وفقنا الله واياكم للقيام بواجب هذه الصحبة واعاد علينا وعليكم وعلى سائر المسلمين والاخوان اجمعين من بركات هذه النسبة الشريفة وذلك بعد ان اوصيته بتقوى الله سبحانه وتعالى في جميع اموره وبذل الجهد في سلوك الادب بطريق الصالحين واقتفاء اثر السلف الماضين من المعتبرين رضوان الله عليهم اجمعين ولم نسمح للسيد محمد المذكور باهمال ما انشرطه عليه من سلوك الطريق الحميدة والمناهج السديدة لما علمناه من صحيح رغبته فيما يروم فيه من سريرته فيجب على كل من وقف على هذه الاجازة الشريفة والنسبة المنيفة من السادة الاخوان في جميع النواحي والبلدان في كل موضع ومكان اسعدهم الله بطاعته واجزل لهم من اقسام بره ورحمته اشتمالهم على مصالح السيد محمد المذكور ومساعدته على ملتمسه ومرامه فيكون ذلك سلماً لاستقامة امره وانتظامه و معاضدته لا سيما ذلك من وظائف الاخوان الذين اغتذوا[13] من اقوات المصافات

[12] An dieser Stelle steht im Originaltext (wohl versehentlich) zweimal hintereinander *wa-ʾIsrāfīl.*

[13] In der Handschrift: اغتدوا

على ظهر الاخوان لقوله صلى الله عليه وسلم امتي كالبنيان فيجب على الفقراء من فقراء شيخنا ومريديه وخلفائه ومحبيه مراعات المشار اليه من الاكرام والاحترام وملازمته والاعانة فيما يرومه ومساعدته في السر والعلن وتقديم العلم بين يديه لأن من حصل له مزيد القيام بحقوق الاخوان فقد صحت له قسم البر والمترجين ليركبوا مراكب الاخلاق على احمد وارشد سنن والى الله تعالى ارغب في امتدادهم بجزيل عنايته الضامنة لمن صحت له حقيقة القرب من حضرته وتوفيق المشار اليه بمحض عبادته والاخلاص في طاعته بمنه وكرمه ورحمته وفضله ومننه وعليه وعليهم السلام ورحمه الله وبركاته واقمت الشيخ السيد محمد المشار اليه شيخاً في سائر البلاد الاسلامية في الممالك وبأن تحمل السجادة بين يديه ويعول في الامور عليه وتحمل امامه الطبول مع الفقراء السادة الكرام ويأخذ العهد على من شاء وتقيم من شاء ويقعد من شاء ويجلس من شاء على السجادة اذنا عاماً وجعلته خليفة عني في اقوالي وافعالي فمن اكرمه فقد اكرم سيدنا الشيخ سلطان الاولياء الشيخ عبد القادر الجيلاني ومن اكرم الشيخ عبد القادر فقد اكرم جده المصطفى ومن اكرم المصطفى فقد اكرم الله سبحانه وتعالى وانه اذا قدم بلداً من البلدان يتلقاه السادة القادرية بالبشاشة والخير والاحسان له ولمريديه واذن له الشيخ المشار اليه اعلاه في تلقين الذكر والتجليس على السجادة بحسب ما يراه ويختاره لمن يراه اهلاً لذلك وان يقيم ايضاً من شاء ويختار من النساء الدينات الخيرات وأن يأخذ عليهن العهود ويعزل من شاء منهن واذن ايضاً الشيخ المشار اليه السيد محمد أن ياذن للنساء الدينات الخيرات أن يقمن من يشأن ويجلسن من يشأن ويعزلن من يشأن اذنا تاماً واذن له بالقول والفعل وكل ما يراه ويختاره وقبل السيد محمد[14] المشار

[14] Der Name Muḥammad wurde hier in Anlehnung an ähnliche Textstellen eingefügt. In der Handschrift befindet sich eine durch Wegschaben eines anderen Namens entstandene Leerstelle, die wohl mit dem Namen des neuen Scheichs überschrieben werden sollte.

اليه ذلك بعد أن اذن له اذنا عاماً بالقص بالمقراض والشعور وقبل منه الاذن المعين جميعه وتلقاه بالقبول لنفسه قبولاً تاماً شرعياً وكان وقت الاجازة الى الشيخ في[15] ______ ومائة والف والحمد لله عز وجل وصلى الله على سيدنا محمد وعلى آله وصحبه وسلم تسليماً كثيراً الى يوم الدين والحمد لله رب العالمين

بسم الله الرحمان الرحيم

الحمد لله رب العالمين وصلى الله على سيدنا محمد وعلى آله وصحبه وسلم اما بعد فهذا نسب الشيخ محيي الدين عبد القادر الجيلاني قدس الله سره ونور ضريحه فهو الشيخ عبد القادر بن ابي صالح موسى بن جنكي دوست بن عبد الله بن الامام محيي الدين الزاهد بن الامام محمد بن الامام داود بن الامام موسى ابن الامام عبد الله المحض الملقب بالمحل بن الامام الحسن المثنى بن الامام الحسن السبط بن الامام امير المؤمنين علي بن ابي طالب رضي الله تعال عنه وكرم وجهه ورضي عنهم اجمعين بن عبد المطلب بن حاشم بن عبد مناف بن قصى بن كلاب بن مرة ابن كعب بن لؤي بن معد بن عدنان وما احسن ما قيل في المعنى

كم من اب قد علا بابن ذي[16] شرف كما علا برسول الله عدنان[17]

فهذه السلسلة متفق على صحتها وقال الحافظ عبد الغني وغيره عدنان بن ادد بن مقدم بن ناخور بن ترح بن سحب بن يعرب ابن يشخب بن ثابت بن اسمعيل بن ابراحيم[18] خليل الرحمن عليهم السلام ابن تارخ بن ناخور بن شاروح بن راغو بن فالح بن عبير بن شالخ ابن ارفخسد بن سام بن نوح عليه السلام بن لابك بن متوشلح بن اخنوخ

---

15 Hier befindet sich in der Handschrift eine Leerstelle. Es ist deutlich sichtbar, dass eine Datumsangabe teilweise weggeschabt wurde. Stehengeblieben ist lediglich „tausendeinhundert".

16 In der Handschrift ذري. Dieses nicht zu identifizierende Wort wurde wohl zugunsten des Metrums statt ذي eingesetzt.

17 Gedichtvers im Metrum *basīṭ*.

18 In der Handschrift: ابراحيم بن خليل wobei بن durchgestrichen wurde.

وهو ادريس عليه السلام فيما يزعمون وهو من بني ادم واعطى النبوة وخط بالقلم بن برد بن مهرئيل بن فتيان بن انوش بن شيث عليه السلام بن ادم وادم عليه السلام من التراب والتراب من الارض والارض من الزبد والزبر من الموج والموج من الماء والماء من الدرة والدرة من القدرة والقدرة من الارادة والارادة من علم الله سبحانه و تعالى والله اعلم بالصواب واليه المرجع والمآب وصلى الله على سيدنا محمد وعلى آله وصحبه وسلم تسليماً كثيراً الى يوم الدين في ١٢٠١\ ١٢جمادى الاخر[19]

[19] Nach christlicher Zeitrechnung 1. April 1787.

4 Übersetzung der Sufiurkunde

4.1 Vorbemerkungen zur Übersetzung

Die Übersetzung versucht, soweit wie möglich dem Wortlaut des arabischen Originals zu folgen. Eingedeutschte Wörter wie beispielsweise Scheich, Imam, Scherif und Allah werden in deutscher Schreibweise wiedergegeben, alle arabischen Eigennamen transkribiert. Um die Lesbarkeit auf Deutsch zu verbessern, wurde auf die Wiedergabe der häufigsten Eulogien und Formeln verzichtet. Dies gilt für die Eulogien des Propheten („Gott segne ihn und schenke ihm Heil"), für Gott („er ist erhaben"), für Prophetengefährten („Gott finde Gefallen an ihm") und für Sufischeiche („Gott heilige sein Geheimnis", „Gott lasse etwas von seiner Segenswirkung auf uns und die übrigen Muslime kommen", „Gott helfe uns durch ihn" etc.). Die Auslassung dieser Formeln wird jeweils durch [...] gekennzeichnet. In einzelnen Fällen werden die genannten Eulogien dennoch auf Deutsch wiedergegeben, wenn dies für das inhaltliche Verständnis oder aufgrund der Satzkonstruktion erforderlich ist. Namenszusätze und individuelle Ehrbezeichnungen von Scheichen werden in voller Länge übersetzt, denn sie sind ein wichtiger inhaltlicher Bestandteil des Dokuments. Erklärende und ergänzende Zusätze, die im arabischen Text nicht wörtlich enthalten aber teilweise impliziert sind, stehen in runden Klammern. Wörter, deren Übersetzung unklar ist oder bei denen sich die Verfasserin bei der Übersetzung für eine von mehreren Übersetzungsmöglichkeiten entschieden hat, werden mit (?) gekennzeichnet. Problematische oder fehlerhafte Textabschnitte, die in der Übersetzung nicht berücksichtigt sind, werden durch [??] markiert. Nicht lesbare oder leere Stellen in der Handschrift erscheinen als ___. Die inhaltliche Kommentierung erfolgt zu sufischen Begriffen, im Text erwähnten Personen und Quellenangaben zu den in der Urkunde erscheinenden Prophetentraditionen.

Zur Orientierung verweisen im Übersetzungstext in regelmäßigen Abständen fettgedruckte Zeilenangaben auf den jeweiligen Zeilenanfang im arabischen Text.

Zuletzt möchte ich darauf hinweisen, dass die deutsche Übersetzung verschiedener Termini wie „Ersatzmänner" (*abdāl*) oder „Entwerden" (*fanā*) aus den einschlägigen Übersetzungen sufischer Texte von Richard Gramlich übernommen wurden.

4.2 Übersetzung

Im Namen des gnädigen und barmherzigen Gottes. Bei ihm suchen wir Hilfe. Preis sei Gott, er genügt (als Helfer)![1] Heil sei mit seinen Dienern, welche er auswählte! Er (Gott) ließ ihnen durch die Einhaltung der Verträge und Bündnisse Ehre zuteil werden! Er machte sie zu Hanifen und zu Imam-Kalifen (?) und setzte sie auf seiner Erde ein als Verkünder seiner Heiligkeit gemäß dem (rechten) Weg des (heiligen) Buches und des (heiligen) Brauches, zu gottesgelehrten Scheichen und zu rechtleitenden (Religions-) Gelehrten, zu Weisen, die ketzerischen Lehren entgegentreten und zu Menschen, die das treffliche Buch und den (heiligen) Brauch ihres Vorfahren, des Herrn der Gesandten bekannt machen und zum Sieg verhelfen. Heil und Segen unserem Herrn Muḥammad, seinem Propheten, Diener und Gesandten, der zu uns kam mit der Rechtleitung und der wahren Religion, um sie siegreich zu machen über die ganze Religion (?)! Er (Gott) setzte ihn (Muḥammad) als Fürsprecher für jene ein, die seinem Wirken und seiner Spur folgen.

Zur Sache: Die Genehmigung zum Schreiben dieser meiner scherifischen Zulassung[2] des Qādiriyya-Ordens[3] ist rechtmäßig (bezüglich) des Tragens des scherifischen Flickenkleides[4] des Qādiriyya-Ordens und (des) Einnehmens eines Platzes auf dem Gebetsteppich[5] der Leute der Reinheit (*ʾahl aṣ-ṣafāʾ*) mit der Erlaubnis der Leute der Treue[6] (*ʾahl al-wafāʾ*). Das verfügte sowohl münd-

---

1 Grundlage der Ergänzung sind Belege ähnlicher Wendungen. Siehe beispielsweise Sure 4, 45 (*wa-kafā bi-llāhi walīyan wa-kafā bi-llāhi naṣīran*). In der hier vorliegenden Handschrift wird eine Abkürzung verwendet, die sich auf das Wort *kafā* beschränkt.

2 *ʾiǧāza (al-ḫilāfa):* Wörtl. Zulassung/ Erlaubnis. Sufischer Terminus für das Dokument, das ein Novize von dem Scheich erhält, dessen Nachfolge bzw. Stellvertreterschaft er übernimmt. Es enthält die spirituelle Ahnenreihe, über die das sufische Wissen weitervermittelt wurde, sowie die Befugnisse des neu ernannten Scheichs. Dazu gehörte meist die Erlaubnis, selbst Novizen zu erziehen. Die Übergabe des Dokumentes erfolgt in einer feierlichen Zeremonie, bei der der Inhalt laut verlesen wird. Vgl. E.I.^{2}, Bd. 4, S.950a.

3 *Qādiriyya*: Name eines Sufiordens (*ṭarīqa*). Ausgehend von Bagdad im 12. Jahrhundert fand der Orden in den folgenden Jahrhunderten von der arabischen Halbinsel bis Westafrika, Anatolien und China Verbreitung. Vgl. E.I.^{2}, Bd. 4, S. 380a.

4 *ḫirqa*: Flickenkleid, Flickenrock, Sufirobe. Ein grobes, mit Flicken besetztes mantelartiges Kleidungsstück, welches der Novize (*murīd*) von seinem Meister (*šayḫ, muršid*) erhält. Es wird in der Regel als Symbol des Abschlusses der sufischen Erziehung verliehen. Dem Flickenkleid wird eine Segenswirkung durch die Weitergabe des Kleidungsstückes vom Meister an den Novizen zugesprochen. Vgl. E.I.^{2}, Bd. 5, S. 737a.

5 *saǧǧāda*: eigtl. Gebetsteppich. Bezeichnung für Sufiorden, für den Sitz des Meisters, oder für den Nachfolger eines Meisters. Vgl. E.I.^{2}, Bd. 8, S. 743b.

6 *wafāʾ*: Treue, Loyalität. Der Novize leistet seinem Meister einen Treueschwur, durch den er mit seinen Vorgängern, die die *silsila* dokumentiert, verbunden wird. Er schwört, die Regeln des Ordens einzuhalten und bekennt seine Sünden. Dieser Schwur darf unter keinen Umständen gebrochen werden. Vgl. Inancer: Rituals and Main Principals, S. 171f.

lich als auch schriftlich der niedrige[7] Diener der Sohlen der Armen, der arme entwordene[8] Scheich Muḥammad Hilāl, Sohn des Scheichs seiner Zeit und größten Lehrers Scheich ʾAbū Bakr. Gott lasse seine Unterstützung noch lange währen! Er helfe uns durch seinen Segen und seine Klausur und seine Enthüllungen und seine Bitte um Hilfe im Diesseits und im Jenseits. Ich ordnete an, dass mir as-Sayyid Muḥammad ʾIbn as-Sayyid ʿAbdallāh nachfolgen soll, versammelte die (Ordens-)Brüder und unterrichtete sie darüber. Es waren alle damit einverstanden.[9] Ich bat Gott um sein Wohlgefallen (in dieser Angelegenheit) und wählte ihn (Gott) mir als Rechtleiter und als Helfer (bei der Entscheidung um die Nachfolge). Dann setzte ich ihn (as-Sayyid Muḥammad) als Nachfolger[10] und Scheich über die übrigen geehrten Sufis[11] der Qādiriyya und über die Sufischeiche ein. Gleichermaßen erlaubte ich ihm, das jenen zu erlauben, denen es zusteht, innerhalb des Ordens unseres Scheichs zu sein, des wissenden und hochgelehrten Imams und obersten Gottesfreundes[12], der mit der Erlaubnis Gottes [...] sagte: "Mein Fuß steht auf dem Nacken jedes Gottesfreundes."[13] (Er ist) der göttliche Pol, die immerwährende Hilfe, der barmherzige Eine, der leuchtende Pokal, die Vereinigung der Bedeutung ʾAbū Ṣāliḥ, der Scheich ʿAbd al-Qādir al-Ǧīlānī,[14] Nachfahre von Ḥasan und Ḥusayn, Vertreter der hanbalitischen Rechtsschule. Gott heilige sein kostbares Geheimnis und seine Seele und erleuchte seine Grabstatt und gewähre ihm den Wohlgeruch des ewigen Parfüms (?) und lasse das Tor des Paradieses[15] für ihn offen sein [...]!

---

7 Wörtlich „der kleine Diener" (Diminutiv).

8 *al-fānī* von *fanā*: „Entwerden". Der Sufi möchte sich freimachen von allem irdischen Besitz und von körperlichen Lüsten und Bedürfnissen, denn er erachtet sie als Hindernis auf dem Weg zu Gott. Er selbst möchte nicht mehr (körperlich) sein, d.h. entwerden, um ganz in der Gottesliebe aufzugehen. Je kleiner der Mensch sich selbst erachtet, umso größeren Raum kann Gott in seiner Seele einnehmen. Vgl. Renard, John: Historical Dictionary of Sufism. Lanham, Maryland: The Scarecrow Press 2005. (= Historical Dictionaries of Religions, Philosophies, and Movements, Bd. 58), S. 33.

9 Über die Nominierung des Nachfolgers muss Konsens unter den Ordensbrüdern herrschen, um dessen zukünftige Herrschaft zu legitimieren.

10 Statt „Nachfolger" kann auch „Stellvertreter" übersetzt werden. In den Kontext der Urkunde passen beide Möglichkeiten.

11 Wörtlich „der geehrten Armen".

12 *walī/ ʾawliyāʾ*: Freund Gottes, islamischer Heiliger. Vgl. Renard: Historical Dictionary, S. 90.

13 Bekannter Ausspruch des ʿAbd al-Qādir al-Ǧīlānī. Siehe Demeerseman: Nouveau regard, S. 100.

14 ʿAbd al-Qādir al-Ǧīlānī (1077-1166): Islamischer Heiliger und Ordenspatron der Qādiriyya. Sein Grab in Bagdad ist bis heute eine viel besuchte Pilgerstätte. Vgl. E.I.^{2}, Bd. 1, S. 69a.

15 Wörtlich „Die Tore der Paradiese".

Ich übergab[16] ihm (dem Novizen as-Sayyid Muḥammad) das scherifische gesegnete Flickenkleid der Qādiriyya, welches ich (wiederum) von meinem Vater, Scheich, Lehrer und Mediator zu Gott […], dem Liebling Gottes, der in Gott verliebt war, erhielt. Er trank vom Wein[17] der Leute der Reinheit (*ʾahl aṣ-ṣafāʾ*), bis er voll davon und rein war und wurde deshalb „Weinschenk" genannt, denn er war der Weinschenk ihres Konvents, Scheich ʾAbū Bakr. Dieser sagte: Ich erhielt (das Flickenkleid) von meinem Scheich, Lehrer und Mediator zu Gott […], dem Scheich und Imam, dem Wissenden, dem Gelehrten, dem Großmütigen, dem Gebildeten, dem Verrichter guter Taten, dem Frommen, dem Asketen, dem (Gottes-) Anbeter, dem frommen Einsiedler, dem Erzieher von Novizen, dem Abkömmling der frommen Altvorderen, ein Vorbild derer, die den (sufischen) Weg betreten, Quelle derer, die auf dem Weg sind und Ziel der Frommen, Weg der Anbeter und Gnostiker, Heimstatt der Armen und Bedürftigen, Wehrer (ketzerischer) Neuerer, oberster Scheich seiner Zeit, dem Scheich Muḥammad Hilāl […]. Dieser (wiederum) erhielt (das Flickenkleid) von seinem Scheich, Lehrer, Vorbild und Segensspender, dem Scheich Muṣṭafā al-Laṭīfī[18] […]. Und dieser erhielt (das Flickenkleid) von seinem Scheich ʿAlī ʾIbn aš-Šayḫ Yaḥyā ʾIbn as-Sayyid aš-Šarīf aš-Šayḫ ʾAḥmad […]. Und ʿAlī ʾIbn as-Sayyid aš-Šarīf ist as-Sayyid ʿAlī, Nachfahre[19] des Scherifen und göttlichen Pols[20] Sayyid Muḥyī ad-Dīn ʿAbd al-Qādir al-Ǧīlānī. Gott […] lasse auf uns und auf die Muslime (etwas) von seinem Segen und seiner Klausur und von seinen Enthüllungen und von seiner Hilfe im Diesseits und im Jenseits zurückkommen und versammle uns in einer Gruppe unter dem Banner des Herrn der Gesandten […]! Amen.

(Dies ist die) Niederschrift vom Raǧab des Jahres 1184[21] der *hiǧra* des Propheten.

Der Scheich ʿAlī (wiederum) erhielt (das Flickenkleid) von seinem Scheich, Lehrer, Vorbild, Segensspender und Vetter Scheich ʾIbrāhīm,[22] und der Scheich ʾIbrāhīm erhielt es von seinem Vollbruder ʿAbd ar-Razzāq[23] und der

---

16 Wörtlich „ich zog ihm an"/ „ich bekleidete ihn". Hier und an entsprechenden Textstellen sinngemäß mit dem Verb übergeben bzw. erhalten ersetzt.

17 *ḫamr*: Wein. Steht in der Terminologie der Sufis für mystische Gottesliebe. Vgl. Renard: Historical Dictionary, S. 254.

18 Muṣṭafā al-Laṭīfī (starb 1711): Sufischer Reisender und Verfasser eines Buches, in dem er von seinen Erlebnissen berichtet. Vgl. Ziriklī: Al-Aʿlām. Bd. 7, S. 232.

19 Wörtlich „Sohn".

20 *quṭb/aqṭāb*: Pol. führende Persönlichkeit im Sufitum, oberste Position in der Hierarchie der Gottesfreunde. Vgl. Renard: Historical Dictionary, S. 185.

21 Nach christlicher Zeitrechnung Oktober 1770.

22 Scheich ʾIbrāhīm: Sohn des Šaraf ad-Dīn und Bruder des ʿAbd ar-Razzāq. Erbaute in Ḥamā eine Moschee. Vgl. Reilley, James: A Small Town, S. 27.

23 ʿAbd ar-Razzāq (1630-1701): Sohn des Šaraf ad-Dīn, dessen Nachfolge er 1671 antrat. Vgl. Khenchelaoui: La famille Jīlānī, S. 58.

Scheich ʿAbd ar-Razzāq von seinem Vater und Vorbild (auf dem Weg) zu Gott […] Šaraf ad-Dīn.[24] Der Scheich Šaraf ad-Dīn (wiederum erhielt es) von seinem Onkel, Segensspender und Vorbild, dem Scheich Ǧalāl ad-Dīn und der Scheich Ǧalāl ad-Dīn von seinem Onkel, Scheich, Segensspender und Vorbild, dem Scheich Imam, dem Gelehrten, dem Verrichter guter Taten, dem Frommen, dem Asketen, dem Anbeter und **45** (frommen) Einsiedler, dem Erzieher von Novizen, Abkömmling der (frommen) Altvorderen, Vorbild derer, die den Weg (der Sufis) betreten, Quelle der Reisenden (auf dem Weg zu Gott), Ziel der Frommen, Weg der Anbeter und Gnostiker, Wohnung der Armen und Bedürftigen, Wehrer ketzerischer Neuerer, Wahrer des (heiligen) Brauches seines Vorfahren, des Herrn der Gesandten. Er ist der edel geborene Scherif von reiner Herkunft, in Jahrhunderte alter Tradition verwurzelt, der Vertrauenswürdige, der oberste Scheich seiner Zeit, der unumstrittene Anerkennung genoss, Spross der Gottesfreunde und der Frommen, Exzellenz der gesegneten Pole, der rechtschaffene Reine, der Wissende, der **50** Leuchtende Šihāb ad-Dīn ʾAḥmad.[25] Wenn er seine Herkunft angibt, (kann er) sagen, dass sein Vorfahre ʿAbd al-Qādir[26] (sei). Der Scheich Šihāb ad-Dīn ʾAḥmad (wiederum) erhielt (das Flickenkleid) von seinem Vollbruder, Scheich, Segensspender und Vorbild (auf dem Weg) zu Gott […], dem Scherifen angenehmen Ursprungs und edler, gesicherter Abkunft aus gutem traditionsreichen Haus, dem Gotteserkenner […] Scheich Ǧamāl ad-Dīn ʿAbdullāh. Der Scheich Ǧamāl ad-Dīn ʿAbdullāh erhielt (das Flickenkleid wiederum) von seinem Scheich und Onkel, dem Scheich Imam, dem Gelehrten, dem Verrichter guter Taten, dem Gotteserkenner […] Scheich Šams ad-Dīn ʾAbū al-Wafāʾ (und dieser wiederum erhielt das Flickenkleid) **55** von seinem Scheich, Bruder, Vorbild und Segensspender Scheich Šihāb ad-Dīn ʾAḥmad. Der Scheich Šihāb ad-Dīn ʾAḥmad erhielt es von seinem Vater, Scheich und Vorbild (auf dem Weg) zu Gott, dem Scheich Qāsim[27], und der Scheich Qāsim erhielt (das Flickenkleid) von seinem Scheich, Segensspender und Vorbild (auf dem Weg) zu Gott […], dem Scheich und Gotteskenner Zayn ad-Dīn, dem Nachfahren der frommen Altvorderen und der mit Glück gesegneten Frommen, dem Scheich ʿAbd al-Bāsiṭ. Der Scheich ʿAbd al-Bāsiṭ (wiederum) **60** erhielt (das Flickenkleid) von seinem Vater, Scheich, Segensspender und Vorbild (auf dem Weg) zu Gott […], dem Scheich Šihāb ad-Dīn ʾAbū al-ʿAbbās ʾAḥmad. Und der Scheich Šihāb ad-Dīn ʾAbū al-ʿAbbās ʾAḥmad (erhielt das Flickenkleid) von seinem Vater, Scheich, Segensspender und Vorbild

---

[24] Šaraf ad-Dīn: Leiter des Qādiriyya-Ordens in Ḥamā bis 1671. Ebd. S. 57.

[25] Šihāb ad-Dīn Aḥmad (starb 1530): Sohn des Šayḫ Qāsim und dessen Nachfolger als Ordensscheich in Ḥamā. Ebd.

[26] Damit ist ʿAbd al-Qādir al-Ǧīlānī gemeint.

[27] Scheich Qāsim (starb 1510): Scheich des Qādiriyya-Konvents in Ḥamā. Ebd. S. 56.

(auf dem Weg) zu Gott […], dem Scheich Badr ad-Dīn Ḥasan. Der Scheich Badr ad-Dīn Ḥasan erhielt (das Flickenkleid wiederum) von seinem Vater, Scheich, Segensspender und Vorbild (auf dem Weg) zu Gott […], dem **65** Scheich ʿAlāʾ ad-Dīn ʿAlī,[28] und der Scheich ʿAlāʾ ad-Dīn ʿAlī (erhielt das Flickenkleid) von seinem Vater, Scheich, Segensspender und Vorbild (auf dem Weg) zu Gott […], dem Scheich Šams ad-Dīn Muḥammad.[29] Der Scheich Šams ad-Dīn Muḥammad erhielt (das Flickenkleid wiederum) von seinem Vater, Scheich, Segensspender und Vorbild (auf dem Weg) zu Gott […], dem Scheich Šaraf ad-Dīn Yaḥyā.[30] Der Gottes bedürftige Diener (auf dem Weg) zu Gott Šaraf ad-Dīn Yaḥyā erhielt (das Flickenkleid seinerseits) von seinem Vater, Scheich und Vorbild (auf dem Weg) zu Gott […], dem Scheich Šihāb **70** ad-Dīn Aḥmad,[31] und der Scheich Šihāb ad-Dīn Aḥmad erhielt (es) von seinem Vater, Scheich, Segensspender und Vorbild (auf dem Weg) zu Gott […], dem obersten Richter ʿImād ad-Dīn ʾAbū Ṣāliḥ Naṣr.[32] Der Gottes Bedürftige (auf der Reise) zu Gott […], der oberste Richter ʿImād ad-Dīn ʾAbū Ṣāliḥ Naṣr (erhielt das Flickenkleid) von seinem Vater, Scheich, Segensspender und Vorbild (auf dem Weg) zu Gott […], dem frommen Scheich, dem gottesfürchtigen Asketen, dem Hochgelehrten, dem Verrichter guter Taten, dem weisen Denker, dem Scherifen, dem Geschätzten, Hochgeborenen, Spross der Gottesfreunde, **75** Prominenter der Reinen, Diadem der Gemeinschaft und der Religion Al-Ḥāfiẓ Ǧamāl ad-Dīn, Zierde des Irak ʾAbū Bakr ʿAbd ar-Razzāq.[33] Der Scheich Abū Bakr ʿAbd ar-Razzāq erhielt (das Flickenkleid wiederum) von seinem Vater, Scheich, Segensspender und Vorbild (auf dem Weg) zu Gott […], von seinem Imam und Führer, Meister und Erzieher, von unserem Herrn, Scheich und Wegweiser zu Gott […] dem Scheich und Imam. Er ist ein hervorragender Mann des Islam, eine Stütze der *šarīʿa* und ein ausgezeichneter Mann der Wahrheit, eine Rechtsautorität für die Menschen, der Stellvertreter des Gesandten Gottes […] und dessen Nachfahre auf der Erde, die Essenz der Völker, **80** der Überbringer des Banners der Exzellenz, der Stolze, dessen Fuß sich (sogar) die Nacken der Gottesfreunde und

---

[28] ʿAlāʾ ad-Dīn ʿAlī (starb 1391): Sohn des Šams ad-Dīn Muḥammad. Verfasser eines Korankommentars. Ebd.

[29] Šams ad-Dīn Muḥammad (starb 1378): Sohn des Šaraf ad-Dīn. Islamischer Gelehrter. Ebd.

[30] Šaraf ad-Dīn Yaḥyā (starb 1333): Sohn des Šiḥāb ad-Dīn: Gründer des Qādiriyya-Konvents im syrischen Ḥamā. Ebd. S. 55.

[31] Šihāb ad-Dīn ʾAḥmad (starb 1282): Sohn des ʾImād ad-Dīn. Leitete den Konvent der Qādiriyya in Bagdad. Ebd. S. 56.

[32] ʿImād ad-Dīn ʾAbū Ṣāliḥ Nasr (1168-1235): Sohn des ʿAbd ar-Razzāq. Rechts- und Traditionsgelehrter in Bagdad. Ebd. S. 55.

[33] ʾAbū Bakr ʿAbd ar-Razzāq (1134-1207): Sohn des ʿAbd al-Qādir al-Ǧīlānī. Angesehener Sufi, lebte in Bagdad. Vgl. Demeerseman: Nouveau regard, S. 64.

Großen beugten. Er tat Wunder[34] ohne Unterbrechung, oder fast ohne Unterbrechung. Sie strömten heraus aus dem obersten Bewahrer, dem Pol der Pole, dem vornehmsten Helden, dem obersten Ersatzmann[35] und obersten der Besonderen[36], dem Pflock der Pflöcke[37]. Er ist der beste Mann, Lehrer der Ekstase[38] und Prinzip der Güte, des Großmutes und der Vortrefflichkeit. Er ist der beste Gelehrte seiner Zeit, der oberste Scheich der Menschen, Engel und Dschinn, die Vereinigung der vortrefflichsten Eigenschaften der Gunst, der Pol des Kreises der Gottesfreunde, Verwalter der Reinen und Erbe der Rechtschaffenen. Er ist der göttliche Pol und die immerwährende Hilfe, der besonders Barmherzige, Inhaber des leuchtenden Kelches, die Vereinigung der Bedeutung, der Wiederbeleber des (heiligen) Brauches und der Religion ʾAbū Muḥammad ʿAbd al-Qādir al-Ǧīlānī [...]. Der Scheich ʾAbū Muḥammad ʿAbd al-Qādir, Pol, Hilfe und oberster Erkenner erhielt (das Flickenkleid) von seinem Scheich, dem Asketen, Anbeter und obersten Richter ʾAbū Saʿīd ʾIbn al-Mubārak ʾIbn ʿAlī al-Maḫzūmī al-Baġdādī, und ʾAbū Saʿīd erhielt (das Flickenkleid wiederum) von ihm (d.h. von ʿAbd al-Qādir al-Ǧīlānī).

Der über Gotteskenntnis [...] verfügende Scheich, der Scheich al-Islam Muḥyī ad-Dīn ʿAbd al-Qādir al-Ǧīlānī [...] berichtete: ʾAbū Saʿīd al-Maḫzūmī kam zu mir und sagte: „Du musst ein Flickenkleid von mir erhalten und ich eines von dir, damit wir durch den (jeweils) anderen gesegnet[39] werden! So übergab er mir ein Flickenkleid, und ich übergab ihm ebenfalls eines."

Ihr gemeinsamer Scheich, von dem sie das Flickenkleid erhielten, war der Scheich al-Islam ʾAbū al-Ḥasan Muḥammad ʾIbn Yūsuf al-Qurašī al-Hakkārī [...].[40] Abū al-Ḥasan erhielt (das Flickenkleid wiederum) von seinem Scheich ʾAbū al-Faraǧ aṭ-Ṭarsūsī, und ʾAbū al-Faraǧ erhielt (es) von seinem

---

34 *karāmāt*: Wunder (Plural). Islamische Heilige zeichnen sich unter anderem durch die Gabe aus, Wunder verschiedener Art erwirken zu können. Dazu gehören Heilungswunder und das Beherrschen des Wetters. Vgl. Renard: Historical Dictionary, S. 256.

35 *badal/abdāl*: „Ersatzmänner"oder „Substitute". Sufischer Terminus für eine Personengruppe aus der Hierarchie der Gottesfreunde. Zu ihrer Anzahl gibt es verschiedene Angaben zwischen 4 und 70. Vgl. ebd. S. 229.

36 *fard/afrād*: Niedrigster Rang in der Hierarchie der Gottesfreunde. Vgl. ebd. S. 91.

37 *watad/awtād*: Pflock, Pfahl. Bezeichnung einer hohen Position in der Hierarchie der Gottesfreunde. Es gibt zur selben Zeit immer vier Pflöcke/Pfähle. Vgl. ebd. S. 233.

38 *waǧd/wuǧūd*: Hier: Ekstase. Sufischer Terminus für Enthüllungserlebnisse im ekstatischen Zustand der Verzückung bzw. die Beschreibung des Erkennens von Wirklichkeiten durch innere Anrührung. Vgl. ebd. S. 78.

39 Das Flickenkleid und damit den Segen und die spirituelle Stärke eines großen Sufimeisters zu erhalten, war sehr begehrt. Es war sogar möglich, einem Orden nur um des Segens willen beizutreten (*tabarrukan*). Ebd. S. 54.

40 ʾAbū al-Ḥasan Muḥammad ʾIbn Yūsuf al-Qurašī al-Hakkārī (1018-1093): Vgl. Ibn Ḫallikān: Biographical Dictionary, Bd. 2, S. 286

Scheich ʾAbū al-Faḍl ʿAbd ar-Raḥmān ʾIbn ʿAbd al-ʿAzīz at-Taymī […]. ʾAbū al-Faḍl ʿAbd ar-Raḥmān ʾIbn ʿAbd al-ʿAzīz at-Taymī […] erhielt (das Flickenkleid wiederum) von seinem Großscheich, dem Gotteserkenner ʾAbū Bakr Dulaf aš-Šiblī […].[41] (Dieser wiederum) erhielt (das Flickenkleid) vom Leiter der (Sufi-) Gruppe[42] und ihrem Imam, dem Pol der Erkenntnis und Diadem der Gotteserkenner ʾAbū al-Qāsim al-Ǧunayd al-Baġdādī […],[43] und ʾAbū al-Qāsim al-Ǧunayd erhielt (das Flickenkleid) von seinem Scheich, Kenner des Weges und der Wahrheit Sarī as-Saqaṭī.[44] Sarī as-Saqaṭī (wiederum erhielt das Flickenkleid) von seinem Scheich und Vorbild, dem Gottesfürchtigen, der über Weisheit, gute Erziehung, rhetorische Kenntnis und spirituelle Realitäten verfügte, dem Scheich Maʿrūf al-Karḫī […].[45] Der Scheich Maʿrūf al-Karḫī (wiederum) erhielt (das Flickenkleid) von seinem Scheich, Segensspender und Vorbild Dāwūd aṭ-Ṭāʾī al-Ḥanafī […],[46] und der Scheich Dāwūd aṭ-Ṭāʾī al-Ḥanafī erhielt (das Flickenkleid) von dem bekannten Gottesfreund, großen Gelehrten und einsichtigen Weisen Ḥabīb al-ʿAǧamī […].[47] Ḥabīb al-ʿAǧamī erhielt (das Flickenkleid wiederum) vom ehrwürdigen Imam, dem edlen Adligen, Inhaber altehrwürdigen Ruhmes, obersten Herrn der Folgegeneration (der Prophetengefährten) Scheich Ḥasan al-Baṣrī […].[48] Und der Scheich Ḥasan al-Baṣrī erhielt (das Flickenkleid) von unserem Herrn, dem großmütigen gelehrten Imam, Held, Löwe des Islam, Ehemann der Jungfrau (Fāṭima), Cousin des Gesandten, gezogenes Schwert Gottes, Tor zur Stadt der Weisheit,[49] Ursprung des Großmutes, der Barmherzigkeit und Sanftmut, dem Zerteiler der feindlichen Schwadronen, Wundertäter, Löwe der Banū

41 ʾAbū Bakr Dulaf aš-Šiblī: Starb 946 in Bagdad. Berühmter Mystiker, Rechtsgelehrter und Schüler al-Ǧunayds. Vgl. Gramlich: Alte Vorbilder I, S. 516.

42 *ṭāʾifa*: (sufische) Gruppe, Sekte. Hier ist der Sufizirkel des al-Ǧunayd gemeint. Siehe Hujwīrī: Kašf al-Maḥǧūb, Kapitel 14. *Sayyid aṭ- ṭāʾifa* ist außerdem einer der in der Literatur oft verwendeten Ehrentitel des Ǧunayd.

43 ʾAbū al-Qāsim al-Ǧunayd al-Baġdādī (starb 910): Bagdader Sufi und einer der wichtigsten Gelehrten seiner Zeit. Erhielt seine mystische Erziehung von seinem Onkel Sarī as-Saqaṭī. Siehe GAL GI, S. 199/ SI, S. 354.

44 Sarī as-Saqaṭī (starb 865): Bagdader Sufimeister, der viele Schüler hatte, darunter der berühmte al-Ǧunayd. Vgl. Knysh: Islamic Mysticism, S. 50ff. Eine grafische Darstellung der hier erwähnten frühen Sufis findet sich in Trimingham: Sufi Orders, S. 262.

45 Maʿrūf al-Karḫī (Starb 815/16): Mitbegründer der Bagdader Sufitradition. Siehe Knysh: Islamic Mysticism, S. 48ff.

46 Dāwūd aṭ-Ṭāʾī (starb 781 oder 782): Bekannter Sufi. Lebte in Kufa, hielt sich vorübergehend in Bagdad auf. Schüler des ʾAbū Ḥanīfa. Ausführliche Biografie mit Angabe arabischer Primärquellen bei Gramlich: Alte Vorbilder I, S. 283ff.

47 Ḥabīb al-ʿAǧamī (starb 737): Bekannter Sufi. Lebte in Basra. Angeblich Schüler Ḥasan al-Baṣrīs. Die Angaben darüber sind widersprüchlich. Vgl. ebd. S.289.

48 Ḥasan al-Baṣrī: Koranexeget, Theologe und Asket, starb 728 in Basra. Für die Sufis einer ihrer frühesten Vertreter. Vgl. E.I.², Bd. 3, S. 247b.

49 Diese Bezeichnung geht zurück auf ein Ḥadīṯ. Siehe at-Tirmiḏī, 46. Buch (Manāqib), Kapitel 20.

Ġālib. Er ist der Imam und Befehlshaber der Gläubigen, Vater von Ḥusayn, ʿAlī ʾIbn ʾAbī Ṭālib […].[50] Der Imam ʿAlī (wiederum) erhielt Weisheit und Bildung von seinem Cousin, dem Herrn der Gesandten, Siegel der Propheten, Herrscher über die Engel, Gesandter des Herrn der Welten und Anführer der Einzigartigen, der Reinste aller Geschöpfe, Ozean der Wirklichkeiten und Zuflucht der Menschen. Keine diesseitige Existenz kann (Gott) nahekommen, außer durch ihn. Er ist der arabische Prophet, der Auserwählte, der Erlesene, der Erwählte, der Edelste der Schöpfung, der Geliebte Gottes, unser Herr Muḥammad ʾIbn ʿAbdullāh ʾIbn ʾAbd al-Muṭṭalib ʾIbn Hāšim ʾIbn ʾAbd Manāf, Ursprung der Güte, Barmherzigkeit und Keuschheit. Gottes Erbarmen und sein Wohlwollen und seinen Frieden und Segen ihm und seiner Familie und seinen Gefährten und seinen Gattinnen und seinen Nachkommen und den Müttern der Gläubigen und ihren Nachfahren und der ganzen Familie des Propheten! Gottes Wohlgefallen komme auf sie alle und auf die nachfolgende Generation und deren Nachkommen! Ihnen sollen Wohltaten (beschieden sein) bis zum jüngsten Tag! Amen. Oh, Herr der Welten, oh größter Erbarmer!

Der Prophet […] (wiederum) erhielt seine Erziehung durch den Erzengel Gabriel[51] und übernahm (das, was er ihm beibrachte). (Der Erzengel) Gabriel erhielt (seinerseits das Wissen) vom (Erzengel) ʾIsrāfīl[52] und wurde von ihm erzogen. Und der (Erzengel) ʾIsrāfīl erhielt (sein) Wissen und seine Erziehung vom Herrn der Welten, Herr über (alle) Macht und (alle) Gottheit der Schöpfung (?), dem kein anderer gleich ist. Er hört alles und sieht alles. Erhaben ist seine Majestät! Es gibt keinen (anderen) Herrn außer ihm.

Der Prophet […] sagte: „Mein Herr erzog mich und dies tat er vortrefflich."[53] Er […] sagte (ebenfalls): „Die Armen meiner Gemeinde treten einen halben Tag vor den Reichen ins Paradies ein. Das entspricht 500 Jahren."[54] (Weiterhin) sagte er […]: „Alle Dinge sehen zu mir auf und gehorchen mir; außer der Armut. Ich sehe zu ihr auf und gehorche ihr."[55] Und er […] sagte:

---

50 ʿAlī ʾIbn ʾAbī Ṭālib: Der Schwiegersohn des Propheten starb 661 in Kufa. Er gilt auch als erster Sufi und Imam. Vgl. E.I.², Bd. 1, S. 381b.

51 Ǧibrīl: Engel Gabriel. Auch *rūḥ al-amīn*. Mehrfach namentlich im Koran erwähnt. Er soll dem Propheten die göttliche Offenbarung überbracht haben. Vgl. E.I.², Bd. 6, S. 216b.

52 ʾIsrāfīl: Außerkoranischer Engel der Offenbarung, der der islamischen Überlieferung nach am jüngsten Tag das Horn blasen wird. Siehe Juynboll, G.H.A.: Encyclopedia of Canonical Ḥadīṯ. Leiden: Brill 2007. S. 623.

53 In der Sufiliteratur oft zitierter, schwacher *ḥadīṯ* unsicheren Ursprungs. In den kanonischen Sammlungen finden sich mehrere sinnverwandte Aussagen. Vgl. Wensinck, A.J.: A handbook of early Muhammadan tradition. Alphabetically arranged. Leiden: Brill 1960. S. 10 („ʾAdab").

54 Vgl. at-Tirmiḏī, 34. Buch (*zuhd*), Kapitel 37, ʾIbn Māǧa, 37. Buch (*zuhd*), Kapitel 6.

55 Außerkanonisches *ḥadīṯ*. Inhaltlich identisch mit den zahlreichen, in der Sufiliteratur zitierten *ʾaḥadīṯ* zur Armut.

“Die Armut ist mein Stolz, und ich rühme mich ihrer.“[56] (Außerdem) sagte er […]: „Oh, Gott! Lass mich arm leben und arm sterben und versammle mich zum letzten Gericht im Kreis der Armen.“[57] Er […] sagte auch: “Wenn derjenige, der wildes Haar hat, staubbedeckt ist und (normalerweise) von den Toren abgewiesen wird, Gott um etwas beschwört, so wird er es ihm gewähren.“[58] Die Überlieferungen über den Adel der Armut[59] sind sehr zahlreich, (aber diese) wenigen sind hinsichtlich ihrer Menge und Beweiskraft ausreichend.

Gott stehe uns und euch bei der Ausführung der Pflicht(en) dieser Partnerschaft[60] bei. Er lasse auf uns und auf euch und auf die übrigen Muslime und die gesamten (Ordens-) Brüder (etwas) vom Segen dieser scherifischen Filiation kommen! Ich vertraute ihn (den Novizen) der Gottesfurcht […] in allen seinen Angelegenheiten und (seinem) hingegebenen Bemühen auf dem Pfad des rechten Verhaltens und dem Weg der Frommen sowie dem Folgen der Spur der geehrten Vorgänger […] an. Wir gestatteten dem oben genannten Sayyid Muḥammad keine Nachlässigkeit in Bezug auf das, was ihm obliegt zur Verfolgung des lobenswerten (Sufi-) Pfades und des rechten Weges, weil wir von ihm wussten, dass sein Verlangen bezüglich des Ersuchens seines (mystischen) Geheimnisses[61] ernsthaft war.

Jeder der geehrten (Sufi-) Brüder […] in allen Gegenden, Ländern, Orten und Plätzen, der diese scherifische Zulassung und die erhabene Abstammungsliste liest, ist dem genannten as-Sayyid Muḥammad verpflichtet. Sie sollen dem Wohl und der Unterstützung des genannten as-Sayyid Muḥammad bei all seinem Begehren zugeneigt sein! Dies möge so sein, damit alles seine Richtigkeit hat. Insbesondere gehört (dies) zu den Pflichten der Brüder, welche von der Bruderschaft gespeist werden [??], aufgrund der Aussage des (Propheten) […]: “Meine Gemeinde ist wie ein Haus.“[62] Die

56 ʾAǧlūnī: *kašf al-ḫafāʾ* 2: 87.

57 at-Tirmiḏī, 34. Buch (*zuhd*), Kapitel 37, ʾIbn Māǧa, 37. Buch (*zuhd*), Kapitel 7.

58 Buḫārī, 53. Buch (*ṣulḥ*), Kapitel 8/56. Buch (*ǧihād*), Kapitel 16.

59 *šaraf al-faqr*: Adel der Armut. Das Leben in Armut ist bei den Sufis durchweg positiv besetzt und eine Grundvoraussetzung dafür, sich ganz auf die Gotteserkenntnis konzentrieren zu können. Außerdem versprechen zahlreiche Prophetentraditionen den Armen das Paradies.

60 Damit ist die durch diese Urkunde dokumentierte Nachfolgeregelung gemeint.

61 *sarīra*: Geheimnis, Mysterium. Ein Sufi erhält auf dem Weg zu Gott durch übersinnliche Erfahrungen spezielles Wissen und Weisheit (*ʿilm ladunī*=göttliches Wissen). Es ist ein Geheimnis zwischen Gott und seinen Freunden, das nicht offenbar werden darf. Deswegen sprechen sie darüber mit Uneingeweihten nur in Andeutungen.

62 Vgl. *ʾinna l-muʿminu li-l-muʿmini ka-l-bunyān*: Buḫārī, 8. Buch (*ṣalāt*), Kapitel 88; Muslim, 45. Buch (*birr*), Nr. 65; at-Tirmiḏī, 25. Buch (*birr*), Kapitel 18; Nasāʾī, 23. Buch (*zakāt*), Kapitel 27.

armen (Sufibrüder) unseres Scheichs, seine Novizen[63], Nachfolger und Freunde sind zur Befolgung dessen verpflichtet, was oben über die Ehrerbietung, den Respekt, den Eifer und die Unterstützung genannt wurde bezüglich dessen, was er (as-Sayyid Muḥammad) wünscht und dazu, ihm auf jede erdenkliche Weise zu helfen und ihm Wissen anzubieten (?), denn denjenigen, die ein höheres Maß an rechtmäßiger Verrichtung (?) hervorbringen, denen fällt ein Anteil an Pietät [??] zu, damit sie auf den Pfaden der Tugend wandeln auf die löblichste und beste Art der Lebensführung. Und von Gott [...] erwünsche ich ihre Unterstützung durch ihre freundliche Sorge.

Die Bürgschaft (des as-Sayyid Muḥammad) gilt für den, dem seine Nähe und Leitung aufgrund der Aufrichtigkeit seiner Gottesanbetung und gehorsamen Ergebenheit als Gegenleistung für Gottes Huld, Milde und Güte, seine Gnade und seine Wohltaten zustehen [...].

Ich setzte den genannten Scheich Muḥammad als Scheich über alle islamischen Länder und Reiche ein, sodass der Gebetsteppich vor ihn getragen werde (?) und dass man sich in allen Angelegenheiten auf ihn verlasse, und dass die Trommeln in Begleitung der Sufibrüder[64] vor ihn gebracht werden (?). Er (as-Sayyid Muḥammad) erhält die Erlaubnis, eine Pflicht aufzuerlegen wem er will und (zur sufischen Erziehung) zuzulassen, wen er will und (im Orden) bleiben zu lassen, wen er will und auf dem Gebetsteppich sitzen zu lassen, wen er will. Dafür hat er unsere umfassende Erlaubnis. Ich machte ihn durch meine Aussage und Tat zu meinem Nachfolger.[65] Wer ihn respektiert, der respektiert auch unseren Herrn, den obersten Heiligen, den Scheich ʿAbd al-Qādir al-Ǧīlānī, und wer den Scheich ʿAbd al-Qādir respektiert, der respektiert auch seinen Vorfahren, den Auserwählten, und wer den Auserwählten respektiert, der respektiert auch Gott [...]. Wenn er (as-Sayyid Muḥammad) in irgendein Land kommt, dann (sollen) ihn die Herren der Qādiriyya mit Freundlichkeit und Güte empfangen und ihm und seinen Novizen Wohltaten erweisen. Der oben genannte Scheich (Muḥammad Hilāl ʾIbn ʾAbī Bakr) erlaubte ihm (dem as-Sayyid Muḥammad) betreffs der Unterweisung des Gottgedenkens[66] und des (im Kreis) Sitzenlassens auf dem Gebets-

---

63 *murīd*: Novize, Schüler. Will ein Novize den Weg der Sufis betreten, so muss er von einem Meister (*šayḫ, pīr, muršid*) angenommen werden, der ihn betreut und erzieht. Manche Sufimeister übten extreme Macht über ihre Novizen aus und verlangten deren völlige Selbstaufgabe (Pirismus). Vgl. Renard: Historical Dictionary, S. 75.

64 Wörtlich „der armen edlen Herren“.

65 Zu den Zeremonien der Initiation oder der Übertragung der Nachfolge gehören spezielle Gesten wie der Handschlag oder das Einflüstern von Geheimnissen. Vgl. Inancer: Rituals and Main Principals, S. 173 sowie Renard: Historical Dictionary, S. 120.

66 *ḏikr*: Gottgedenken. Spirituelle Übung der Sufis bei welcher der Name Gottes oder der Beginn des islamischen Glaubensbekenntnisses wiederholt ausgesprochen wird.

teppich (Platz anzuweisen), je nachdem, was er für richtig hält und für wen er sich entscheidet, sowie denjenigen zu entlassen, den er will. (Außerdem) ist es ihm gestattet, die Mitglieder des Frauenordens[67] auszuwählen und ihnen Verpflichtungen aufzuerlegen, sowie diejenigen von ihnen zu entlassen, die er will. (Weiterhin) gestattete der oben genannte Scheich dem as-Sayyid Muḥammad auch, den Mitgliedern des Frauenordens zu erlauben, einzusetzen, wen sie wollen und (zum Orden) zuzulassen, wen sie wollen, sowie zu entlassen, wen sie wollen. Dafür erhält er unsere generelle Erlaubnis.

Und er (der Scheich) erlaubte ihm (dem as-Sayyid Muḥammad) dies durch Rede und Tat und was er für richtig hält und für was er sich entscheidet. Der oben genannte as-Sayyid Muḥammad akzeptierte dies, nachdem er (der Scheich) ihm mit Schneiden und Schere und Haar (?) die generelle Erlaubnis erteilte. Und er (as-Sayyid Muḥammad) empfing von ihm die im Gesamten festgelegte Zulassung und er nahm sie entgegen durch seine eigene Zustimmung. Die Zulassung erfolgte vollständig nach dem islamischen Gesetz. Der Zeitpunkt der Initiation zum Scheich war der ___.

Lob sei Gott, er ist erhaben! Gott segne unseren Herrn Muḥammad und seine Familie und seine Gefährten und schenke ihnen Heil bis zum Ende der Zeit! Lob sei Gott, dem Herrn der Welten!

Im Namen des gnädigen und barmherzigen Gottes. Lob sei Gott, dem Herrn der Welten! Gott segne unseren Herrn Muḥammad und seine Familie und seine Gefährten und schenke ihm Heil!

Zur Sache: Dies ist die Abstammung des Scheichs Muḥyī ad-Dīn ʿAbd al-Qādir al-Ǧīlānī. Gott heilige sein Geheimnis und erleuchte seine Grabstatt! Er ist der Scheich ʿAbd al-Qādir, Sohn des ʾAbū Ṣāliḥ Mūsā, Sohn des Ǧankī Dūst, Sohn des ʿAbdullāh, Sohn des Imams Muḥyī ad-Dīn des Asketen, Sohn des Imams Muḥammad, Sohn des Imams Dāwūd, Sohn des Imams Mūsā, Sohn des Imams ʿAbdullāh des Reinen, genannt al-Maḥall, Sohn des Imams al-Ḥasan al-Muṯannā, Sohn des Imams al-Ḥasan as-Sibṭ[68], Sohn des Imams und Befehlshaber der Gläubigen, ʿAlī , Sohn des ʾAbū Ṭālib […], Sohn des ʾAbd al-Muṭṭalib, Sohn des Ḥāšim, Sohn des ʾAbd Manāf, Sohn des Quṣaiy, Sohn des Kilāb, Sohn des Murra, Sohn des Kaʿb, Sohn des Luʾaiy, Sohn des Maʿadd, Sohn des ʿAdnān[69]. Wie schön ist, was zu die-

Dazu gehört die Anwendung spezieller Atemtechniken. Ziel des *ḏikr* ist die Vergegenwärtigung Gottes. Ebd. S. 198.

67 Wörtlich „von den frommen, guten Frauen." In die Sufiorden können auch Frauen aufgenommen werden. Sie organisieren sich normalerweise separat. Siehe Trimingham: Sufi Orders, S. 18.

68 Zu Ḥasan und seinen Nachfahren siehe Encyclopaedia Iranica, Bd. 12, S. 26 b.

69 ʿAdnān ist der früheste im *Ǧamharat an-nasab* verzeichnete Vorfahre der Nordaraber. Siehe al-Kalbī, Hišām ʾIbn Muḥammad: Ǧamharat an-nasab. Das genealogische

sem Thema gesagt wurde! Wie viele Väter gibt es, die durch einen edlen Nachfahren geadelt wurden, so wie ᶜAdnān durch den Gesandten Gottes!

Die Authentizität dieser Genealogie[70] ist sicher bezeugt. Ḥāfiẓ ᶜAbd aġ-Ġanī und andere sagten: ᶜAdnān war der Sohn von ᵓAdad, Sohn des Muqaddam, Sohn des Nāḫūr, Sohn des Tarḫ, Sohn des Saḥab, Sohn des Yaᶜrib, Sohn des Yašḫib, Sohn des Ṯābit, Sohn des ᵓIsmaᶜīl, Sohn des ᵓIbrāḥīm[71], des Ḫalīl ar-Raḥmān[72] [...], Sohn des Tāriḫ, Sohn des Nāḫūr, Sohn des Šārūḥ, Sohn des Rāġū, Sohn des Fāliḫ, Sohn des ᶜAbīr, Sohn des Šāliḫ, Sohn des ᵓArfaḫšad, Sohn des Sām, Sohn des Nūḥ [...], Sohn des Lābik, Sohn des Matūšalaḥ, Sohn des ᵓAḫnūḫ, welcher ᵓIdrīs [...] ist, wie man meint. Von diesem wird behauptet, er sei ein Nachkomme Ādams. Ihm wurde die Prophetenschaft verliehen und schriftlich festgehalten: (Er ist der) Sohn des Bard, Sohn des Mahraᵓīl (?), Sohn des Fatyān, Sohn des ᵓAnūš, Sohn des Šayṯ [...], Sohn des Ādam[73].

Und Ādam [...] war aus Staub, und der Staub ist aus Erde und die Erde aus Schaum und der Schaum aus der Woge und die Woge aus dem Wasser, und das Wasser kommt aus der Perle (?), und die Perle (?) kommt von der Allmacht (Gottes), und die Allmacht kommt vom Willen (Gottes), und der Wille von der Allwissenheit Gottes [...].

Gott weiß es am besten, er ist die Autorität und (unser) Zufluchtsort! Gott segne unseren Herrn Muḥammad und seine Familie und seine Gefährten und schenke ihnen Heil bis ans Ende der Zeit! Zwölfter Ǧumāda II des Jahres 1201.

Werk des Hišām ᵓIbn Muḥammad al-Kalbī. Hrsg. v. Werner Caskel, Tafeln v. Gert Strenziok. Leiden: Brill 1966. Bd. 1-2.

70 *silsila*: Kette, Reihe. Im Kontext des Sufitums bezeichnet *silsila* die spirituelle Ahnenreihe, über die das mystische Wissen von Scheich zu Scheich weitergegeben wird. Vgl. E.I.^{2}, Bd. 9, S. 611a.

71 Zur genealogischen Verbindungslinie zwischen ᵓIbrāḥīm und Nūḥ vgl. Ṭabarī, ᵓAbū Ǧaᶜfār Muḥammad: The history of al-Ṭabarī. Übers. von William M. Brinner. Albany: State University of New York Press 1987. Bd. 2, S. 48.

72 *Ḫalīl ar-Raḥmān*: „dem Erbarmer nahestehend"=Freund Gottes. Beinahme des ᵓIbrāḥīm.

73 Zur genealogischen Verbindung zwischen Nūḥ und Ādam vgl. Ṭabarī: History. Bd. 1, S. 334ff sowie 1. Mose, Kapitel 5.

5 Literaturverzeichnis

Abdel-Kader, Ali Hassan: The Life, Personality and Writings of al-Junayd. London: Luzac 1962.

Ahmed, Munir D. u. a.: Der Islam III. Islamische Kultur–zeitgenössische Strömungen-Volksfrömmigkeit. Fortgef. u. hrsg. v. Peter Antes. Stuttgart: Kohlhammer 1990. (Die Religionen der Menschheit; Bd. 25,3).

Attar, Fariduddin: Muslimische Heilige und Mystiker. München: Hugendubel 2002.

Chabbi, Jaqueline: ʿAbd al-Ḳādir al-Djīlānī personnage historique. Quelques éléments de biographie. In: Studia Islamica 38 (1973). S. 75-106.

De Jong, Frederick: Sufi Orders in Ottoman and Post-Ottoman Egypt and the Middle East. Collected Studies. Istanbul: Isis 2002.

Demeerseman, André: Nouveau regard sur la voie spirituelle d'ʿAbd al-Qādir al-Jilānī et sa tradition. Paris: Librairie Philosophique J. Vrin 1988. (Études musulmanes; Bd. 30).

Faroqhi, Suraiya: Geschichte des osmanischen Reiches. München: Beck 2004.

Dies.: Kultur und Alltag im Osmanischen Reich. München: Beck 2003.

Frembgen, Jürgen Wasim: Kleidung und Ausrüstung islamischer Gottessucher. Beitrag zur materiellen Kultur des Derwischwesens. Wiesbaden: Harrassowitz 1999.

Frembgen, Jürgen Wasim: Reise zu Gott. Sufis und Derwische im Islam. München: Beck 2000.

al-Ǧīlānī, ʿAbd al-Qādir: Enthüllungen des Verborgenen. Übers. v. Alma Giese. Köln: Al-Kitab Verlag 1985.

Geoffrey, Éric: Le soufisme en Égypte et en Syrie sous les derniers mamelouks et les premiers Ottomans. Orientations spirituelles et enjeux culturels. Damaskus: Institut Français d'Études Arabes de Damas 1995.

Gramlich, Richard: Alte Vorbilder des Sufitums. Wiesbaden: Harrassowitz 1995. Bd.1-2.

Gramlich, Richard: Der eine Gott. Grundzüge der Mystik des islamischen Monotheismus. Hrsg. v. Walter W. Müller. Wiesbaden: Harrassowitz 1998.

Gramlich, Richard (Übers.): Die Lebensweise der Könige. Adab al-Mulūk. Ein Handbuch zur islamischen Mystik. Stuttgart: Steiner 1993. (Abhandlungen für die Kunde des Morgenlandes; Bd. 50, 3).

Gramlich, Richard: Islamische Mystik. Sufische Texte aus zehn Jahrhunderten. Stuttgart: Kohlhammer 1992.

Haarmann, Ulrich (Hrsg.): Geschichte der arabischen Welt. München: Beck 2001.

ʾIbn Ḫallikān, ʾAḥmad ʾIbn Muḥammad: Ibn Ḫallikān's Biographical Dictionary. Übers. v. William Mac Guckin de Slane. Paris: Duprat 1842. Bd. 1-4.

Hanif; N.: Biographical Encyclopaedia of Sufis. New Delhi: Sarup 2000.

al-Ḥujwīrī, ʿAlī B. ʿUthmān al-Jullābī: The Kashf al-Maḥjūb. The Oldest Persian Treatise on Ṣufism. Übers. v. R. A. Nicholson. Leyden: Brill 1911.

Juynboll, G. H. A.: Encyclopedia of the Canonical Hadīth. Leiden: Brill 2007.

al-Kalbī, Hišām ʾIbn Muḥammad: Ǧamharat an-nasab. Das genealogische Werk des Hišām Ibn Muḥammad al-Kalbī. Hrsg. v. Werner Caskel, Tafeln v. Gert Strenziok. Leiden: Brill 1966. Bd. 1-2.

Khenchelaoui, Zaim: La famille Jīlānī de Hamā. In: Journal of the History of Sufism 1-2 (2000). S. 53-77.

Kissling, Hans Joachim: The Sociological and Educational Role of the Dervish Orders in the Ottoman Empire. In: Studies in Islamic Cultural History. Hrsg. v. G. E. von Grunebaum. Menasha, Wisconsin: The American Anthropological Association 1954. S.23-35.

Knysh, Alexander: Islamic Mysticism. A Short History. Leiden: Brill 2000.

Kreiser, Klaus: Der Osmanische Staat. 1300-1922. München: Oldenbourg Verlag 2001. (Oldenbourg Grundriss der Geschichte; Bd. 30).

Levtzion, Nehemia: Eighteenth Century Sufi Brotherhoods. Structural, organisational and ritual changes. In: Islam. Essays on Scripture, Thought and Society. A Festschrift in Honour of Anthony H. Johns. Hrsg. v. Peter G. Riddell. Leiden: Brill 1997. S. 147-160.

Lifchez, Raymond (Hrsg.): The Dervish Lodge. Architecture, Art and Sufism in Ottoman Turkey. Berkeley: University of California Press 1992.

al-Makkī, Abū Ṭālib: Die Nahrung der Herzen. Abū Ṭālib al-Makkīs Qūt al-Qulūb. Hrsg. u. übers. v. Richard Gramlich. Stuttgart: Steiner 1995. Bd. 1-4.

Mandel, Gabriele: Gemalte Gottesworte. Das arabische Alphabet. Geschichte, Stile, kalligraphische Meisterschulen. Wiesbaden: Marix 2004.

Massignon, Louis (Hrsg.): Essai sur les origins du lexique technique de la mystique musulmane. Paris: Librairie Orientaliste Paul Guethner 1922.

Meier, Fritz: Bausteine I. Ausgewählte Aufsätze zur Islamwissenschaft. Hrsg. v. Erika Glassen und Gudrun Schubert. Stuttgart: Steiner 1992. (Beiruter Texte und Studien; Bd. 53).

Meier, Fritz: Essays on islamic piety and mysticism. Leiden: Brill 1999.

Meir, Hatina: Religious Culture Contested. The Sufi Ritual of Dawsa in Nineteenth Century Cairo. In: Die Welt des Islams 47 (2007). S. 33-62.

Netton, Ian Richard: Sufi Ritual. The Parallel Universe. Richmond: Curson Press 2000.

Ocak, Ahmet Yaşar (Hrsg.): Sufism and Sufis in Ottoman Society. Ankara: Türk Tarih Kurumu 2005. (Atatürk Supreme Council for Culture, Language and History. Publications of the Turkish Historical Society; Bd. 30).

Qušayrī, ʾAbū l-Qāsim ʿAbd al Karīm Ibn Hawāzin: Das Sendschreiben al-Qušayrīs über das Sufitum. Übers. u. komm. v. Richard Gramlich. Stuttgart: Steiner 1989.

Radtke, Bernd: Autochthone islamische Aufklärung im 18. Jahrhundert. Theoretische und filologische Bemerkungen. Fortführung einer Debatte. Utrecht: Houtsma Stichting 2000.

Radtke, Bernd: Neue kritische Gänge. Zu Stand und Aufgaben der Sufikforschung. Utrecht: Houtsma Stichting 2005.

Radtke, Bernd: Sufism in the 18th Century. An Attempt at a Provisional Appraisal. In: Die Welt des Islams 36 (1996). S. 326-364.

Reilly, James A.: A Small Town in Syria. Ottoman Hama in the Eighteenth and Nineteenth Centuries. Oxford: Lang 2002.

Reinert, Benedikt: Die Lehre vom *tawakkul* in der klassischen Sufik. Berlin: De Gruyter 1968.

Renard, John: Historical Dictionary of Sufism. Lanham, Maryland: The Scarecrow Press 2005. (Historical Dictionaries of Religions, Philosophies and Movements; Bd. 58).

Sarrāǧ, Abū Naṣr ʿAbdallāh Ibn ʿAlī: Schlaglichter über das Sufitum. Abū Naṣr as-Sarrāǧs Kitāb al-lumaʿ. Übers. u. komm. v. Richard Gramlich. Stuttgart: Steiner 1990.

Savaş, Saim: The Role of the Dervish Lodges in the Development of Turkish Culture. In: The Great Ottoman-Turkish Civilisation Bd. 4. Hrsg. v. Kemal Cicek. Ankara: Yeni Türkiye 2000. S. 69-77.

Schimmel, Annemarie: Sufismus. Eine Einführung in die islamische Mystik. München: C.H. Beck 2003.

Schulze, Reinhard: Das islamische achtzehnte Jahrhundert. Versuch einer historiographischen Kritik. In: Die Welt des Islams Vol. 30 (1990). S. 140-159.

Sedgwick, Mark J: The Place of Religion on Social Life. The Nature of Ottoman Sufism. In: The Great Ottoman-Turkish Civilisation Bd. 2. Hrsg. v. Kemal Cicek. Ankara: Yeni Türkiye 2000. S. 205-209.

Seidensticker, Tilman: Kuriositäten. In: Orientalische Buchkunst in Gotha. Gotha: Forschungs- und Landesbibliothek 1997. S. 170ff.

aṭ-Ṭabarī, ʾAbū Ǧaʿfār Muḥammad ʾIbn Ǧarīr: The history of al-Ṭabarī. Übers. von William M. Brinner. Albany: State University of New York Press 1987. Bd. 1-2.

Trimingham, J. Spencer: The Sufi Orders in Islam. New York: Oxford University Press 1998.

Tsugitaka, Sato (Hrsg.): Islamic Urbanism in Human Society. Political Power and Social Networks. London: Kegan Paul 1997.

Weninger, Stefan: Qanāʿa (Genügsamkeit) in der arabischen Literatur anhand des Kitāb al-qanāʿa wa-t-taʿaffuf von Ibn Abī d-Dunyā. Berlin: Schwarz 1992. (Islamkundliche Untersuchungen; Bd. 154).

Wensinck, Arent Jan: A Handbook of Early Muhammadan Tradition. Alphabetically Arranged. Leiden: Brill 1960.

Ziriklī, Ḫayr ad-Dīn: Al-Aʿlām. Beirut: Dār al-ʿIlm li-l-Malāyīn 1997. Bd. 1-8.

ARBEITSMATERIALIEN ZUM ORIENT

herausgegeben von
Jens Peter Laut – Ulrich Rebstock
Tilman Seidensticker

Eine stets aktualisierte Liste der in dieser Reihe erscheinenden Titel finden Sie auf unserer Homepage http://www.ergon-verlag.de

Band 1
Kaner, Nazli
Sâmiha Ayverdi (1905-93) und die osmanische Gesellschaft
Zur Soziogenese eines ideologischen Begriffs: osmanlı
1998. 136 S. – 170 x 240 mm. Kt
€ 27,00 ISBN 978-3-932004-80-3

Band 2
Schäfer-Borrmann, Alexandra
Vom „Waffenbruder" zum „türkisch-deutschen Faktotum"
Ekrem Rüstü Akömer (1892-1984), eine bemerkenswerte Randfigur der Geschichte
Vergriffen ISBN 978-3-932004-81-0

Band 3
Oberauer, Norbert
Verpflichtungskonzepte im Kalâm
1998. 205 S. – 170 x 240 mm. Kt
€ 28,00 ISBN 978-3-933563-01-9

Band 4
Dreßler, Markus
Die civil religion der Türkei
Kemalistische und alevitische Atatürk-Rezeption im Vergleich
Vergriffen ISBN 978-3-933563-06-4

Band 5
Ghandtchi, Sandra
Ein Bestseller aus der Islamischen Republik Iran
Der Liebesroman „Der Morgen nach dem Rausch" (Bâmdâd-i Humâr) von Fattâna Hâg Sayyid Gawâdî
2001. 127 S. – 170 x 240 mm. Kt
€ 22,00 ISBN 978-3-933563-63-7

Band 6
Müller, Hans
Zur Lage der Muslime im nachkolonialen Ostafrika
Überblick und Bibliographie
2000. 65 S. – 170 x 240 mm. Kt
€ 12,00 ISBN 978-3-933563-44-6

Band 7
Brückner, Matthias
Fatwas zum Alkohol unter dem Einfluss neuer Medien im 20. Jahrhundert
2001. 143 S. – 170 x 240 mm. Kt
€ 22,00 ISBN 978-3-933563-90-3

Band 8
Brückner, Matthias (Hrsg.)
Fatwaindex zum Alkoholverbot, neuen Medien u.a
2001. CD-ROM
€ 10,00 ISBN 978-3-933563-94-1

Band 9
Müller-Berghaus, Nina
„Die Kommunistin mit den 40 Kleidern": Inǧī Aflāṭūn (1924-1989)
Ein Leben zwischen künstlerischem und politischem Engagement
2001. 120 S. – 170 x 240 mm. Kt
€ 19,00 ISBN 978-3-935556-63-7

ERGON VERLAG · WÜRZBURG

ARBEITSMATERIALIEN ZUM ORIENT
herausgegeben von
Jens Peter Laut – Ulrich Rebstock
Tilman Seidensticker

Band 10
Siegfried, Robert
Bengalens Elfter Kalif
Untersuchungen zur Naqšbandiyya Muǧaddidiyya in Bangladesch
2001. 113 S. – 170 x 240 mm. Kt
€ 18,00 ISBN 978-3-935556-64-4

Band 11
Arnold, Raphael
William Jones
Ein Orientalist zwischen Kolonialismus und Aufklärung
2001. 150 S. – 170 x 240 mm. Kt
€ 19,00 ISBN 978-3-935556-66-8

Band 12
Wiesmüller, Beate
Die vom Koran Getöteten
Aṯ-Ṯaʿlabīs Qatlā l-Qurʾān nach der Istanbuler und den Leidener Handschriften. Edition und Kommentar
2002. 188 S., 16 Faksim. – 170 x 240 mm. Kt
€ 24,00 ISBN 978-3-935556-88-0

Band 13
Ruben, Walter
Kırşehir
Eine altertümliche Kleinstadt Inneranatoliens. Herausgegeben von Gerhard Ruben
2003. XXII/349 S., 31 Abb. – 170 x 240 mm. Kt
€ 52,00 ISBN 978-3-89913-273-1

Band 14
Scherberger, Max
Das Miʿrāǧnāme
Die Himmel- und Höllenfahrt des Propheten Muḥammad in der osttürkischen Überlieferung
Vergriffen ISBN 978-3-89913-308-0

Band 15
Borrmann, Kai
Moschus im Tintenfaß
Düfte in der islamischen Literatur
2004. 93 S. – 170 x 240 mm. Kt
€ 18,00 ISBN 978-3-89913-332-5

Band 16
Siddons, Julian
„Die Korrektur der Irrtümer"
Mūsā al-Musāwīs Versuch, die schiitische Glaubenslehre zu reformieren
2005. 254 S. – 170 x 240 mm. Kt
€ 35,00 ISBN 978-3-89913-378-3

Band 17
Bartholomä, Ruth
Von Zentralasien nach Windsor Castle
Leben und Werk des Orientalisten Arminius Vámbéry (1832-1913)
2006. VIII/161 S. – 170 x 240 mm. Kt
€ 24,00 ISBN 978-3-89913-499-5

Band 18
Eksell, Kerstin – Feldt, Laura (Hrsg.)
Readings in Eastern Mediterranean Literatures
2006. 251 S. – 170 x 240 mm. Kt
€ 35,00 ISBN 978-3-89913-507-7

ERGON VERLAG · WÜRZBURG

ARBEITSMATERIALIEN ZUM ORIENT
herausgegeben von
Jens Peter Laut – Ulrich Rebstock
Tilman Seidensticker

Band 19
Devos, Bianca
Kleidungspolitik in Iran
Die Durchsetzung der Kleidungsvorschriften für Männer unter Riżā Šāh
2006. VIII/108 S., 14 Abb. – 170 x 240 mm. Kt
€ 18,00 ISBN 978-3-89913-524-4

Band 20
Tillschneider, Hans-Thomas
Die Entstehung der juristischen Hermeneutik (*uṣūl al-fiqh*) im frühen Islam
2006. X/227 S. – 170 x 240 mm. Kt
€ 30,00 ISBN 978-3-89913-528-2

Band 21
Şeker, Nimet
Die Fotografie im Osmanischen Reich
2009. 100 S., 14 Abb. – 170 x 240 mm. Kt
€ 18,00 ISBN 978-3-89913-739-2

Band 22
Younes, Miriam
Diskussionen schiitischer Gelehrter über juristische Grundlagen von Legalität in der frühen Safawidenzeit
Das Beispiel der Abhandlungen über das Freitagsgebet
2010. 140 S. – 155 x 230 mm. Kt
€ 24,00 ISBN 978-3-89913-741-5

Band 23
Sacarcelik, Osman
***Ṣukūk:* An Innovative Islamic Finance Instrument**
Historical and Theoretical Foundations, Present Application and Challenges Arising from Legal and *Fiqh* Implications
2011. 129 S. – 155 x 230 mm. Kt
€ 24,00 ISBN 978-3-89913-824-5

Band 24
Fuchs, Simon Wolfgang
Proper Signposts for the Camp
The Reception of Classical Authorities in the Ǧihādī Manual *al-ᶜUmda fī Iᶜdād al-ᶜUdda*
2011. 155 S. – 155 x 230 mm. Kt
€ 28,00 ISBN 978-3-89913-834-4

Band 25
Die Ernennungsurkunde eines Sufis aus dem Syrien des 18. Jahrhunderts
Herausgegeben, übersetzt und eingeleitet von
Lehmann, Anne-Geelke
2011. 70 S. – 155 x 230 mm. Kt
€ 18,00 ISBN 978-3-89913-847-4

ERGON VERLAG · WÜRZBURG